Larry James ist amerikanischer Journalist. Er hat zahlreiche Beiträge für den amerikanischen Rundfunk verfaßt, seine Artikel erschienen im *TIME Magazine* und in Zeitungen, wie der *New York Times*, der *Washington Post*, dem *Wall Street Journal*, der *Welt* und der *Frankfurter Rundschau*. Für das Meer hat sich Larry James seit seiner Kindheit interessiert. Schon immer begeisterter Segler und Schnorchler, begann er 1986 mit dem Flaschentauchen, als er in Afrika arbeitete. Von 1989 bis 1993 tauchte er regelmäßig im Roten Meer, 1994 auf den Malediven. Er lebt mit seiner Frau Sonja und vier Katzen in Paris.

Axel Schulz-Eppers ist freier Fotograf und Tauchlehrer. Mehrere Jahre arbeitete er als Fotojournalist für internationale Agenturen und Presseorgane. Seine Reportagen wurden von Zeitungen, wie der *New York Times*, der *International Herald Tribune* und dem *TIME Magazine*, veröffentlicht. Im ägyptischen Sharm el-Sheikh arbeitete er von 1991 bis 1993 als Tauchlehrer und erforschte dann die Malediven.
Seine Reisen führten ihn bereits durch mehrere Kontinente. Sportlich ist Axel Schulz-Eppers nicht nur unter Wasser, sondern auch auf den Bergen und in Höhlen engagiert.

Danksagung

Den folgenden Hotelresorts und Managements gilt unser Dank: Biyadhoo, Ellaidhoo, Kanifinolhu, Machchafushi, Rihiveli, Vadoo, Ziyaaraifushi sowie Fun Tours und der Crew der »Nasrumanu«.
Wertvolle Hilfe erfuhren wir von den Tauchbasen Sub Aqua, Euro Divers und Nautico, insbesondere von Mats Engquist und Jürgen Schägger, Wolli Wörner, Axel Horn und der Vadoo-Diving-Paradise-Basis. Wir bedanken uns ganz besonders für die Unterstützung von LTU und Kodak sowie der Reiseveranstalter Neckermann und Feria/Sub Aqua. Ein spezieller Dank geht an Dr. Cordelia Borchardt für ihren vielseitigen Einsatz bei Vorbereitung und Durchführung des Projekts sowie bei der Bearbeitung und Übersetzung der Texte.

Inhalt

Einleitung 6
Was ist ein Atoll? 8
Wo finde ich was? 9
Wie man taucht und wie man lebt:
Ein ganz normaler Tag 10
Die Kreuzfahrt 12
Vorbereitung und Planung 16
Wetter 17
Tauchen an Inseln,
Riffen und Kanälen 19
Kleines Lexikon 19
Sicherheit und Strömung 21
Medizinische Versorgung 23
Umweltschutz 24
Informationen für den
Fotografen 27
Stacheln, Zähne, Gifte 28
Zum Gebrauch des Buches 29
Hotelresorts und ihre Lage 30
Tauchplätze im Überblick 32

Nordmale-Atoll 35

Tauchplatz-Profile 35
1 Lion's Head 38
2 Old Shark's Point 40
3 Victory Wrack 41
4 Banana Reef 44
5 Bandos Rock 46
6 Manta Point/Lankan Caves 48
7 Nassimo Thila (Paradise Rock) 51
8 Okobe Thila (Barracuda Giri) 54
9 Rainbow Reef (H.P.-Reef) 56
10 Potato Reef 58
11 Aquarium 59
12 Kolosseum 61
13 Ashdoo Kandu 62
14 Olhahali 64
15 Kuda Faru (Finger Point, Saddle) 66

Südmale-Atoll 69

Tauchplatz-Profile 69
16 Canyon (Embudhu Canyon) 72
17 Vaadhoo Caves 74
18 Ranikan 76
19 Guraadhoo-Kanal/
       Guraadhoo Corner 78
20 Lhosfushi 81
21 Coral Garden 84
22 Villivaru/Biyadoo 86
23 Maafushi Thila/
       Maafushi Caves 90
24 Kuda Giri 92
25 Dhigu Thila/Gulhi Thila 94

Ari-Atoll 97

Tauchplatz-Profile 97
26 Halaveli Wrack 100
27 Bodu Thila 101
28 Maayafushi Thila 103
29 Fesdu Wrack 104
30 Ellaidhoo-Hausriff 105
31 Magala Thila 109
32 Fish Head 111
33 Atavaru Thila 112
34 Hithi Kandu Thila 114
35 Broken Rock 116
36 Kuda Rah Thila 117
37 Dhigurah Arches 120
38 Machchafushi-Hausriff 121
39 Angaga Thila 124
40 Mandhoo Thila 126

Einleitung

Die meisten haben eine Vorstellung von dem vollkommenen Tropenparadies – wo jeder Tag aufs neue einlädt zum Träumen, die Wellen des Meeres den Körper zärtlich umspielen, wo Palmenblätter sich im Wind raschelnd wiegen, während die Sonne rotleuchtend ins abendliche Meer eintaucht.

____ Als Taucher haben Sie sicherlich schon von einer Welt wie dieser geträumt, als Ihre Flossen das erste Mal das Wasser berührten. Dieser Traum nimmt reale Gestalt an – auf den Malediven. Wie eine Kette tropischer Perlen wachsen die Atolle aus den Tiefen des Indischen Ozeans südwestlich von Indien und Sri Lanka. Ihr Name, aus dem Sanskrit abgeleitet, bedeutet Inselkranz und kam durch einige Wandlungsstufen über das Portugiesische in unsere Karten und Atlanten. Die Einheimischen nennen ihr wunderschönes Land Dhivehi Raajje – Königreich der Inseln.

____ Die Haupt- und damit auch einzige wirkliche Stadt der Malediven überhaupt ist Male am südlichen Rand des Nordmale-Atolls. 70 000 Malediver leben hier hauptsächlich von Tourismus, Fischfang,

Sonnenuntergänge sind paradiesische Höhepunkte der Malediven über Wasser.

Das kristallklare Blau verlockt jeden zum Eintauchen in die Unterwasserwelt.

Handel und anderen Tätigkeiten, die mit dem Meer in Verbindung stehen. Die Gesamtbevölkerung wird auf 230 000 geschätzt und wächst schnell, so daß man bis zum Jahr 2000 mit einem Anstieg auf über 300 000 rechnet.

_____ Seit etwa 20 Jahren lockt das warme Wasser mit seinen tausendfachen Blauschattierungen und den einladenden, von weißen Schaumkronen umsäumten Riffen eine stetig wachsende Schar von Tauchern an. Aus einigen Dutzend wurden 80 000 Taucher, die jährlich diese einzigartige Unterwasserwelt erleben möchten. Mit ihnen begann die Entwicklung des allgemeinen Tourismus, und mittlerweile sind 70 Prozent aller Besucher Badeurlauber und Sonnenanbeter. Viele haben die Schönheit der einsamen Strände, das besondere Klima und die sonstigen Freuden entdeckt, die mit einem Malediven-Aufenthalt verbunden sind.

_____ Und die Taucher? Die Taucher wissen, daß sie Einmaliges erwartet: Ganz nah kann der Mensch hier der faszinierenden Unterwasserfauna kommen, durch riesige Schnapper- und Makrelenschwärme gleiten und gefahrlos Großfische, insbesondere Haie, beobachten. Auf den Malediven sind die Fische nicht scheu, und das macht den außergewöhnlichen Reiz dieses Tauchgebiets aus.

_____ Dieses Buch ist speziell für den Taucher gedacht. Wir beschreiben die wichtigsten Tauchplätze der drei meistbesuchten Atolle: Nordmale, Südmale und Ari. Die Beschreibung einer Kreuzfahrt ermöglicht Ihnen außerdem, viele Plätze zu entdecken, die weitab von den üblicherweise besuchten Tauchregionen liegen und den Inselbesuchern meist verborgen bleiben.

_____ Ob Sie nun zum ersten Mal auf die Malediven fahren oder bereits zu den Eingeweihten zählen: Wir hoffen in jedem Fall, daß dieser Tauchführer Ihre Planung erleichtert und Ihnen hilft, einen unvergeßlichen Urlaub in einem der besten Tauchreviere der Welt zu verbringen.

Was ist ein Atoll?

Aus der Vogelperspektive sehen Atolle aus, als seien sie die Kreation eines Künstlers, der sich voller Hingabe mit seiner Farbpalette vom tiefdunklen Blau bis Türkis und Weiß beschäftigt hat. Für diese schillernden Farbkleckse gibt es aber auch eine wissenschaftliche Darstellung.

Korallen bewachsen die lichtdurchfluteten Berghänge nahe der Wasseroberfläche.

Das neue Riff über dem sinkenden Berg wächst vor allem am Rand nach.

Langsam entsteht ein großflächiges, sogenanntes Plattformriff.

Durch beständiges Absinken des Grundes bildet sich zwischen den Außenriffen eine Lagune – ein Atoll entsteht.

_____ Charles Darwin fand als erster eine plausible Erklärung für die Entstehung von Atollen: 1842 stellte er die Theorie auf, daß vor Jahrmillionen kontinentale Verschiebungen den Meeresgrund über die Wasseroberfläche hinaus wachsen ließen. An den Berghängen im lichtdurchfluteten, oberflächennahen Wasser konnten sich nun Korallen bilden. Über die folgenden Jahrtausende verschwanden die Berge teils durch Erosion, teils durch Senkung der Landmasse, während die Korallen bis zum heutigen Tag weiterwuchsen. Von den ehemaligen aus dem Meer ragenden Bergen sind dabei nur noch die typischen Korallenkränze übriggeblieben – die Atolle.

_____ Darwins Theorie wurde häufig angefochten, gilt aber heute als allgemein anerkannte Erklärung für dieses Phänomen. Ein Atoll ist ein von Landmassen weit entfernter Korallenstock, dessen innerer, abgesunkener Teil als Lagune bezeichnet und durch einen Riffkranz begrenzt wird. Diese Außenriffe werden von Kanälen durchzogen, in denen meist starke Strömung herrscht.

_____ Die maledivische Republik ist das zentrale Stück eines unterseeischen Rückens, der sich über 2000 Kilometer von den Lakkadiven (14° Nord) bis zu den Chagos-Inseln (8° Süd) erstreckt und 26 Atolle zählt. Im Westen steigen die Inseln aus etwa 4000 Meter und im Osten aus 2500 Meter Tiefe aus dem Ozean empor. Von den rund 1200 Inseln sind nur etwa 70 für den Tourismus freigegeben. Sie verteilen sich hauptsächlich auf drei Atolle: Nordmale, Südmale und Ari. In diesen drei Atollen haben wir die schönsten und besonders interessanten Tauchreviere aufgesucht und wollen sie im folgenden vorstellen.

Wo finde ich was?

Bis auf Wracks kann man auf den Malediven eigentlich überall alles finden. Für das Vorkommen der einzelnen Lebewesen gibt es Schwerpunkte, die sich aus der spezifischen Lebensweise sowie den unterschiedlichen Angeboten des Lebensraums ergeben.

—— **Wracks:** Obwohl sich die Malediven wie eine Barriere in den Schiffahrtsweg zwischen Afrika und Indien stellen und die Atolle bereits zahlreichen Schiffen zum Verhängnis wurden, ist heute kaum ein Wrack zu betauchen, das nicht absichtlich für diesen Zweck versenkt wurde. Insgesamt sind es fünf erwähnenswerte Wracks, die auf drei Atollen regelmäßig besucht werden. Angeführt wird die Liste von der »Maldive Victory« in der Nähe der Flughafeninsel Hulule im Nordmale-Atoll.

—— Im Südmale-Atoll steht uns als Teil eines faszinierenden Tauchgangs das Wrack am Kuda Giri zur Verfügung, und im Ari-Atoll sind es die Wracks vor der Insel Ellaidhoo, das Halaveli-Wrack und das Fesdu-Wrack nahe der Insel Fesdu. Alle drei liegen noch nicht lange auf dem Meeresgrund, zeigen aber bereits Anfänge eines schönen Bewuchses.

—— **Höhlen:** Was die Höhlen angeht, so wird mancher Taucher auf den Malediven erst einmal enttäuscht sein. Fast immer handelt es sich lediglich um Überhänge von 1 bis 10 Meter Tiefe. Kleine Überhänge finden sich auf allen Tauchgängen. Einer richtigen Höhle am nächsten kommen die Vaadhoo Caves sowie die Grotte des Maafushi Thilas und Teile des Kuda Giris, alle drei im Südmale-Atoll.

—— Den schönsten Bewuchs haben Überhänge häufig an Thilas. Besonders begeistert waren wir am Nassimo Thila und Rainbow Reef im Nordmale-Atoll sowie an vielen Stellen des südöstlichen Ari-Atolls.

—— **Mantas/Walhaie:** Mantas und Walhaie werden hier gemeinsam erwähnt, weil sie beide ähnliche Voraussetzungen für ihre Existenz benötigen. Sie ernähren sich von Plankton und folgen dem stärksten Vorkommen dieser Kleinstlebewesen.

—— Viel Plankton findet sich vor allem auf der strömungsabgewandten Seite eines Atolls, so daß sich mit Verlagerung der Monsune auch die Mantas und Walhaie anders orientieren. Während des Nordost-Monsuns finden sich die Tiere am ehesten im Westen eines Atolls, während des Südwest-Monsuns im Osten.

—— Mantas haben eine Vorliebe für Orte mit vielfrequentierten sogenannten Putzerstationen, Orte also, wo Hunderte von kleinen Putzerfischen ihre größeren Artgenossen von Parasiten befreien. Die bekanntesten Putzerstationen sind:

o Manta Point – südöstliches Nordmale-Atoll
o Coral Garden – östliches Südmale-Atoll
o Ukulhas Thila – nördlichste Spitze des Ari-Atolls
o Himendhoo Thila – westliches Ari-Atoll
o Hukurudhoo Uthuru Kandu – südwestliches Ari-Atoll

—— **Haie:** Es gibt im Bereich der Malediven viele Haie, und man gewöhnt sich schnell daran, zumindest einen pro Tauchgang zu Gesicht zu bekommen. Meist sind es Weißspitzenhaie, die maximal 1,3 Meter lang werden und keine Scheu vor Tauchern zeigen.

—— Wer dagegen Graue Riffhaie sehen möchte, muß sich um eine Begegnung schon bemühen. Diese leben normalerweise sehr tief, und man kann sie nur an wenigen Tauchplätzen bewundern. Die bekanntesten sind:

o Fish Head – nördliches Ari-Atoll
o Maayafushi Thila – nördliches Ari-Atoll
o Guraadhoo Kanal/Ecke – östliches Südmale-Atoll

- Lion's Head – südliches Nordmale-Atoll/ Vaadhoo Kanal
- Kuda Faru/Finger Point – nordwestliches Nordmale-Atoll
- Angaga Thila – südliches Ari-Atoll

_____ Andere Haiarten sind sehr selten und fast immer nur durch Zufall zu beobachten. Die Ausnahmen sind zwei Orte mit einem größeren Vorkommen von Hammerhaien, der weltberühmte Platz vor Madivaru im Rasdhoo-Atoll mit seinen riesigen Gruppen (nahe dem nördlichen Ari-Atoll) und das Gebiet um den Lhosfushi-Kanal im Osten des Südmale-Atolls, wo gelegentlich Einzelexemplare gesichtet wurden.

_____ **Adlerrochen:** Sie sind sehr scheu und am ehesten im freien Wasser zu finden. Besonders große und regelmäßig erscheinende Gruppen sind uns im Guraadhoo-Kanal/Ecke im Südmale-Atoll begegnet.

_____ **Schildkröten:** Wer Schildkröten mag, wendet sich am besten den Außenriffen zu. Dort grasen sie friedlich zwischen den Korallen und sind vor allzu viel Strömung geschützt. Schildkröten halten sich gern im flachen Bereich auf und sind deshalb häufig die große Überraschung am Ende eines Tauchgangs.

_____ **Steinkorallen:** Steinkorallen bilden sozusagen die Grundlage der Existenz der Malediven. Es gibt sie überall und je nach Riff in unterschiedlicher Güte. Steinkorallen benötigen Sonnenlicht für ihr Wachstum, deshalb ist auch der Bewuchs im flachen Gewässer häufig am dichtesten. Teilweise sind die Bestände auf den Lagunenrändern die eindrucksvollsten. Der Korallengarten der Insel Vaadhoo ist besonders gut erhalten und sehr vielseitig.

_____ **Weichkorallen:** Sie benötigen für ihr Wachstum planktonreiches Wasser, das an ihnen vorüberströmt. Auf Sonnenlicht können sie jedoch verzichten und sind deshalb auch in Tiefen unter 30 Meter zu finden. Große und schöne Gärten entdeckt man im allgemeinen an Thilas, Giris und anderen der Strömung ausgesetzten Stellen. Besonders schöne Weichkorallen befinden sich im Südosten des Ari-Atolls, an den Thilas des südöstlichen Nordmale- sowie des östlichen Südmale-Atolls.

Mit etwas Geduld kommt man mit Schildkröten auf Tuchfühlung.

Wie man taucht und wie man lebt: Ein ganz normaler Tag

So selbstverständlich es erscheint, daß man auf Booten zum Tauchen fährt und in einem Hotel wohnt, so groß sind die Unterschiede zwischen den Malediven und anderen Tauchgebieten der Welt.

_____ Dieses Buch richtet sich zwar speziell an Taucher, doch auch diese wollen ab und zu mal einen Tag außerhalb des Wassers verbringen. Da man auf den Malediven normalerweise auf einer Insel wohnt, auf der es nichts gibt außer einem Hotel und einem tropisch bewachsenen Strand, hat man also nicht viel Auslauf. Die Inseln lassen sich zu Fuß in 10 Minuten bis maximal einer Stunde umwandern.

Die Aktivitäten an Land beschränken sich daher auf Sonnenbaden und gemütliches Beisammensein. Einige Hotels bieten auch kleine Sportanlagen. Die Palette der weiteren Land- und Wasseraktivitäten wie Tennis und Volleyball oder Surfen, Segeln und Angeln ist von Hotel zu Hotel sehr unterschiedlich, und Sie sollten bei Ihrer Buchung berücksichtigen, wie viele Alternativen zum Tauchen Sie haben wollen. Tauchausfahrten beginnen am Vormittag zwischen 8 und 9 Uhr und nachmittags zwischen 14 und 15 Uhr. Es ist wichtig zu wissen, daß die Inselzeit vom jeweiligen Hotel bestimmt wird und zu den Nachbarinseln ein Zeitunterschied von bis zu 90 Minuten bestehen kann. Die Anfahrtszeiten zu den Tauchplätzen liegen generell zwischen 10 Minuten und einer Stunde, und fast alle Tauchgänge sind auf 60 Minuten begrenzt. Wo ein gutes Hausriff zur Verfügung steht, ist man von den geregelten Abfahrtszeiten unabhängiger.

Zum Glück mittlerweile Standard und typische Szene: Taucher erhalten ein fachmännisches Briefing an Bord ihres Tauchbootes (Dhoni). Die Ausrüstung wird häufig schon vor Abfahrt zusammenmontiert und sicher verstaut.

_____ Die Boote für die Ausfahrten sind die einheimischen Dhonis. Mit ihnen kommen wir fast überall hin, müssen aber räumlich auf einigen Komfort verzichten, den man von anderen Tauchgebieten kennt. Einfache Holzbänke sind die einzige Sitzmöglichkeit, zwischen ihnen liegt das Tauchgerät. Während der Fahrt erhalten Sie ein Briefing vom Tauchguide.

_____ Getaucht wird in Buddy-Teams; Neulinge und Einzelpersonen schließen sich dem Tauchguide an, der fast immer vor Beginn die aktuelle Strömungsstärke und -richtung prüft und der Gruppe mitteilt. Zu komplex ist das Verhalten der Wassermassen, das sich aus den Kräften von Ozeanströmung, Wind, Ebbe und Flut und dem »Badewanneneffekt« der Atolle zusammensetzt, als daß ein Uneingeweihter es richtig einschätzen könnte.

_____ Mit einem Sprung aus etwa 1 Meter gelangt man ins Wasser, und über herabgelassene Leitern klettert man wieder zurück aufs Boot. Meist werden dann Kokosnußscheiben gereicht. Nach der Rückfahrt bleibt oft nur wenig Zeit bis zum Mittagessen, das in fast allen Fällen in der Buchung mit eingeschlossen ist. Ganztagesausflüge sind sehr selten, und so kann man sich auf die zweite Tauchausfahrt freuen, von der man ca. eine Stunde vor Sonnenuntergang wieder auf die Insel zurückkehrt. Auf den Malediven ist es 12 Stunden lang hell, sommers wie winters.

_____ Auch wer kein Taucher ist, kann bei geeigneten Plätzen an den Ausfahrten teilnehmen und sich die Unterwasserwelt »erschnorcheln«. Extraausfahrten werden ebenfalls organisiert.

_____ Da sehr häufig das Schnorcheln aller Tauchsucht Anfang ist, werden überall auf den Malediven Anfängertauchkurse mit internationalem Brevet angeboten. Da Strömungen die Inselwelt ständig umspülen, ist hier jedoch kein optimales Übungsgebiet. Die großen Geheimnisse der Malediven erschließen sich erst dem Taucher mit Vorkenntnissen.

Die Kreuzfahrt

Der Anfang eines solchen Kreuzfahrt-Urlaubs unterscheidet sich nicht von der Reise auf eine Tauchinsel: Ankunft am Flughafen Hulule und Transfer zur Unterbringung – in diesem Fall auf dem Schiff. Das bedeutet, daß Sie während Ihres Urlaubs nicht an irgendeine feststehende Behausung gebunden sind, sondern sanft geschaukelt auf dem Meer dahintreiben, nur umgeben vom schützenden Ring der Atolle.

_____ Ihr schwimmendes Hotel ist bemannt mit Kapitän, Bootsmann, Koch und Helfern, die sich um das Boot kümmern, Ihre

Das Kreuzfahrtschiff »Nasrumano«.

Kabine reinigen und Sie betreuen. Und es gibt einen enthusiastischen Tauchführer, der nach jahrelanger Erfahrung auch die verstecktesten Tauchplätze in allen Teilen der Malediven kennt. So ein Kreuzfahrtboot ist zwar nicht geräumig, dafür spart man sich aber die Wege, die man an Land mit dem ganzen Gewicht der Tauchausrüstung zurücklegen muß. Nachdem man das Wasser sozusagen »vor der Haustüre« hat, ist man auch nicht an feste Dhoni-Abfahrtszeiten gebunden, sondern kann die Tauchgänge den jeweiligen Verhältnissen anpassen, was sich bei wechselnder Strömung besonders auszahlt.

_____ Da die Süßwassertanks der Boote nicht sehr groß sind, ist beim Duschen Sparsamkeit angesagt. Auch die Klimaanlage ist nicht immer im Einsatz – man lebt eben sehr nahe an den Elementen. Und an seinen Mitreisenden: Auf den Kreuzfahrtbooten sind zwischen acht und 14 Teilnehmer untergebracht. Nachteile? Davon kann kaum die Rede sein. So schön ein Inselurlaub sein kann, ist es doch etwas ganz anderes, wenn man Dutzende von Inseln in vier verschiedenen Atollen ansteuert, wie wir es an Bord der »Nasrumanu« erlebt haben. Und wie oft hat man schon Gelegenheit, am Strand einer unbewohnten Insel unter sternenübersätem Himmel einen Grillabend zu erleben? Dabei können Sie in Bananenblätter gewickelten Fisch genießen, der über glühenden Kohlen zubereitet wird, während Sie die Crew mit den traditionellen Volksliedern der Malediven unterhält.

_____ Die Boote laufen unbewohnte Inseln an, wo Sie das Palmendickicht erkunden, durch Mangroven streifen und sich als Teilzeit-Robinson fühlen können. Sie lernen aber auch verschiedene Touristeninseln kennen und dürfen – mit Erlaubnis des Inselchefs – sogar fernabgelegene Einheimischeninseln besuchen. Die

Besuch auf einer unbewohnten Insel.

Gegensätze: Moderne Kunst auf Korallenstein.

Chance, das Leben der Malediver vor Ort zu studieren, bietet sich bei normalen Inselurlauben äußerst selten.

　　»Große Garderobe« ist an Bord eines Malediven-Kreuzfahrtschiffs nicht nötig; Sie brauchen nur ein paar T-Shirts, Shorts und Badezeug. Auf den meisten Booten wird Ihnen auch die notwendige Tauchausrüstung zur Verfügung gestellt, wenn Sie Ihre eigene nicht mitbringen wollen. Fragen Sie vor Reisebeginn beim Veranstalter nach.

　　Vieles am Bordleben ähnelt natürlich einem ganz normalen Tauchurlaub, nur ist

Einsame Schönheit: Eine wilde Orchidee.

alles eben intensiver. Das Leben auf dem Wasser, ganz den Elementen ausgesetzt, verstärkt alle Eindrücke, und die Erinnerung an einen Tauchgang hält viel länger an. Das mag auch daran liegen, daß die Ablenkungen von Strand- und Hotelbetrieb fehlen. Alles ist ganz auf das Tauchen konzentriert. Die Tage verschmelzen schnell zu einem sanften Wellenschlag, in dem der Rhythmus des Bordlebens wie Ebbe und Flut erscheint: aufstehen zum spektakulären Sonnenaufgang, Frühstück, entspannen, tauchen, entspannen, Mittagessen, entspannen, tauchen, entspan-

Glasklare Unberührtheit einer Tauchsafari.

nen, wolkenumspielter Sonnenuntergang, Abendessen, entspannen, Nachttauchgang, entspannen, ins Bett, Morgengrauen, entspannen . . . und so geht es weiter. Da ist Streß bald ein Fremdwort.

　　Und doch kommt die Spannung nicht zu kurz. Sie entsteht durch die vielen unbekannten Tauchplätze, die weitab von den üblichen Revieren liegen, nur selten Besuch erhalten und deren Geheimnisse von den Tauchführern eifersüchtig gehütet werden. Hier sind noch Abenteuer möglich!

Erlebte Vielseitigkeit auf einer Tauchkreuzfahrt: Ein riesiger Mantarochen zeigt uns seine Kunststücke. Oben links: Fledermausfische im Schwarm.

Unten links: Imperatorkaiserfisch. Mitte: Eine seltene, leuchtendrosa Steinkoralle.
Unten rechts: Reicher Korallenbewuchs in einer Höhle.

Vorbereitung und Planung

Nichts ist einfacher als eine Reise zu den Malediven. Diverse Fluggesellschaften fliegen regelmäßig nach Male, und etliche Chartergesellschaften kommen teilweise mehrfach pro Woche direkt aus München, Frankfurt, Zürich und anderen hauptsächlich europäischen Städten. Viele davon transportieren das Tauchgepäck kostenfrei; vergewissern Sie sich, ob auch Ihre Airline diesen Service anbietet. Der Flug dauert, abhängig vom Abflugsort, rund 10 Stunden.

_____ Ein spezielles Touristenvisum muß von Deutschen, Österreichern und Schweizern vorab nicht beantragt werden, solange der Aufenthalt nicht 30 Tage übersteigt. Wer länger als die angegebene Zeit im Land verweilen möchte, kann einen Antrag beim »Department of Immigration and Emigration« in Male stellen.

_____ Im Normalfall hat man nicht mehr zu tun, als seine Reise bei einem anerkannten Unternehmen zu buchen. Damit wären wir mit unseren Formalitäten bereits am Ende. Offiziell muß der Reisende eine Hotelbestätigung und ein gültiges Rückflugticket nachweisen können. Bei Fragen kann man sich außerdem bei der jeweils zuständigen Vertretung oder dem Fremdenverkehrsamt erkundigen:

Wie Giravaru im Süden des Nordmale-Atolls, so sind auch viele andere Malediveninseln nur kleine Landflecken, die sich aus ihrem wesentlich größeren Riff erheben.

Deutschland:
Generalkonsulat
Touristisches Informationsbüro der
Republik Malediven
Immanuel-Kant-Straße 16
61350 Bad Homburg v.d.H.
Tel. 069/690-66789

Österreich:
Konsulat der Republik Malediven
Weimarer Straße 104
1190 Wien
Tel. 0222/31900100

Schweiz:
Informationen erteilen die Reisebüros.

_____ Da wir uns in einem islamischen Staat befinden, ist die Einfuhr von Alkohol, Schweinefleisch und pornographischem sowie religiösem Material verboten; des weiteren sollte man aus Achtung vor der Kultur nicht allzu freizügig gekleidet herumlaufen. Dieses gilt insbesondere bei Besuchen von Male und auf Einheimischeninseln. Nacktheit – und dazu gehört bei den Frauen auch »oben ohne« – ist auf den Touristeninseln untersagt und wird mit Geldstrafe geahndet.

_____ Man sollte wissen, daß die Zusammensetzung der Gäste auf den Touristeninseln sehr unterschiedlich sein kann. Während einige Resorts nur Verträge mit Veranstaltern eines Landes haben und deshalb hier auch nur Besucher dieses Landes anzutreffen sind, gibt es auch Inseln mit Gästen verschiedener Nationen, wo man nicht automatisch erwarten kann, verstanden zu werden. Die Reiseveranstalter können dazu entsprechend Auskunft geben. Fast überall hat sich jedoch die Verwendung von Englisch durchgesetzt.

_____ Je nach Entfernung von Male gelangt man zu den Urlaubsinseln per Einheimischenboot, Schnellboot oder Hubschrauber. Transportzeiten schwanken von 10 Minuten bis zu mehreren Stunden.

_____ Wer sich auf diese wenigen Fakten einstellt, muß dann nur noch dafür sorgen, daß sein Flug von der Hoteldirektion oder vom Reiseleiter spätestens 72 Stunden vor Rückreise bestätigt wird. Dann kann man sich frei und unbelastet amüsieren und erholen.

Wetter

Getaucht wird natürlich das ganze Jahr über. Bei Lufttemperaturen, die nie unter 26 °C fallen und selten über 30 °C ansteigen, kann man seine dicken Stiefel gern zu Hause lassen. Zum Tauchen im 28 bis 30 °C warmen Wasser empfehlen wir einen 3-mm-Anzug, dies allein schon zum Schutz gegen Nesselzellen und mögliche Schürfwunden von Korallen.

_____ Entscheidend für das Wetter sind die beiden Monsunwinde, die sich regelmäßig abwechseln: Einmal ist da der Iruvai zu nennen, was auf maledivisch Osten bedeutet und den Nordost-Monsun bezeichnet. Er herrscht in der Zeit zwischen Dezember und Mai vor. Ein gleichmäßiger Wind weht dann von Nordost. In den übrigen Monaten trifft man den Hulhagu an, den

Regenfronten im Anmarsch: Schlechtwetter bedeutet nicht gleich Kälte in den Tropen.

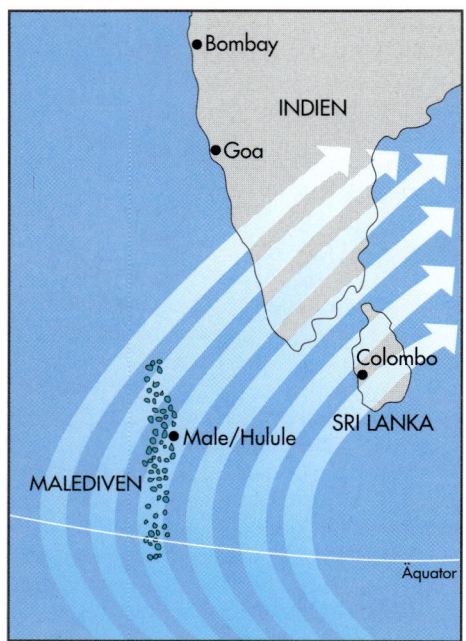
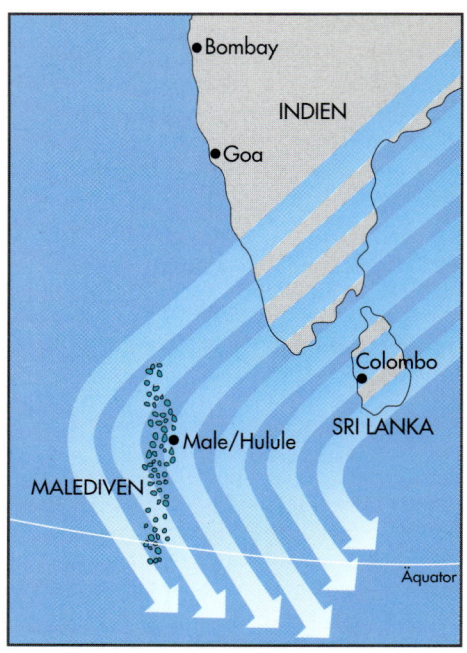

Der Südwest-Monsun Hulhagu bringt zwischen Juni und November feuchte Luft vom Indischen Ozean zu den Malediven.

Von Dezember bis Mai weht der Nordost-Monsun Iruvai und bringt trockene Luft von Indien zu den Malediven.

Südwest-Monsun. Hulhagu heißt Wind und gibt uns bereits Aufschluß über das zu erwartende Wetter. Stürme, die auch Regen bringen können, sind in dieser Zeit keine Seltenheit; man sollte deswegen zumindest Regenjacke und -schirm dabeihaben.

_____ Auch wenn die Temperaturen immer angenehm warm sind, so kann es doch geschehen, daß der Besucher während seines Aufenthalts die Sonne nicht allzu oft zu Gesicht bekommt. Für absolut sicheres Dauerschönwetter sollte man seinen Malediven-Besuch deshalb auf die Zeit des Nordost-Monsuns legen, also zwischen Dezember und Mai.

_____ Natürlich erfolgt der Wechsel der Monsune nicht abrupt, sondern dauert einige Wochen. Gerade im Dezember und im Juni sind die Winde unstet und drehen sich mitunter in kurzer Zeit in die entgegengesetzte Richtung.

_____ Diese enormen Schwankungen beeinflussen natürlich stark das Leben der Malediver, die das Wetter mit großem Interesse studiert haben. Zweimal in der jüngeren Geschichte der Malediven, nämlich 1812 und 1955, haben hoher Seegang und Stürme viele der nördlichen Inseln vollkommen zerstört, und 1987 wurden die Straßen der Hauptstadt Male vom Meer überspült. Wasserstandshöhen sind stark abhängig vom Stand des Mondes und anderer Himmelskörper, und so verwundert es nicht, daß die Astrologie eine Wissenschaft ist, die hier seit dem Erscheinen der ersten Insulaner betrieben wird.

Dementsprechend hochentwickelt ist auch die maledivische Darstellung der Sternzeichen. Neben den uns bekannten Tierkreiszeichen wird hier das Jahr in 27 Abschnitte unterteilt, die Nakaiy heißen. 18 Unterteilungen fallen dabei auf den Südwest-Monsun, die übrigen neun auf den Nordost-Monsun. Diese 27 astrologisch geschaffenen »Jahreszeiten« bestimmen auch heute noch den Tagesablauf der Malediver außerhalb Males. Anhand dieses Volkskalenders wird entschieden, wann der beste Zeitpunkt etwa für eine Hochzeit, den effektivsten Fischfang oder der geeignete Augenblick für die Aussaat gekommen ist.

Für Taucher ändert sich die Unterwasserwelt zwar auch entsprechend der Monsune, aber zu jeder Zeit sind atemberaubende und unvergeßliche Tauchgänge eine Selbstverständlichkeit. An Land dagegen können Wind und Wellen dafür sorgen, daß sich ganze Strände von einer Seite der Insel auf die andere verlagern. Die touristische Hauptsaison fällt, wie bereits erwähnt, in die Zeit des Iruvai-Monsuns, was völlige Wettersicherheit, aber bis zu 30 Prozent höhere Preise bedeutet.

Tauchen an Inseln, Riffen und Kanälen

Die Definition der lokalen Tauchplatzbezeichnungen kann hilfreich sein, wenn es bei der Planung eines Tauchgangs darum geht, die Verhältnisse und somit auch die Schwierigkeit eines Tauchplatzes einzuschätzen.

Nehmen wir zum Beispiel ein Thila. Wir wissen, daß es laut Definition weitaus tiefer liegt als ein Giri. Damit ist klar, daß wir ohne Bezugspunkt im Blau abtauchen und so auch wieder auftauchen müssen, was für viele bereits eine für sie unbekannte Schwierigkeit darstellt. Thilas

Kleines Lexikon

Ein knappes Grundwissen über Dhivehi, die Sprache der Einheimischen, kann für den Taucher recht hilfreich sein. Dazu gehören die folgenden Begriffe:

Dhoni	– Bezeichnung der Einheimischenboote
Falhu	– Von Riffen eingeschlossene Lagune mit einer oder mehreren Inseln
Faru	– Großes Riff, das bei Ebbe teilweise aus dem Wasser ragt
Finolhu	– Insel mit wenigen oder keinen Kokospalmen
Fushi	– Große Insel, meist am Atollrand gelegen
Futtaru	– Riff, an dem sich Wellen brechen
Giri	– Kleines Riff, das dicht unter der Wasseroberfläche liegt und ein Hindernis für den Schiffsverkehr darstellt
Kandu	– Kanal, meist als Bezeichnung für die Riffeinbrüche des Außenatolls bzw. die Passage zwischen zwei Falhus
Mas	– Fisch
Miyeru	– Hai
Thila	– Riff, das auch bei Ebbe so weit überspült bleibt, daß es für die Fischer kein Hindernis darstellt

liegen fast immer exponiert in Kanälen, und wenn dann zu unserer Unternehmung auch noch Strömung hinzukommt, so ist ein sehr schnelles Abtauchen zur häufig mehr als 10 Meter tief gelegenen Riffplatte erforderlich. Ungeübte können dabei von den Druckunterschieden auf ihren Ohren leicht überfordert werden. Wegen der Strömung kann man das Thila auch glatt verpassen – und damit den ganzen Tauchgang. Zum Schluß kommt dann noch der Sicherheitsstop, der sich hier nur freischwebend ausführen läßt. Spätestens jetzt wissen Sie, daß ein Thila-Tauchgang für Anfänger einfach ungeeignet ist. Anders ist die Situation bei Giris, denn hier findet man immer eine strömungsabgewandte Seite, die Schutz bis knapp unter die Wasseroberfläche bieten kann.

_____ Auch das Tauchen in den Kandus hat seine Besonderheiten. Zwar bläst die Strömung einen hier ganz kräftig, dies aber stetig und immer in einer Richtung entlang einer Wand, die stets als Bezugspunkt dient.

_____ Die Verbindung der Kanäle zu den Außenriffen bilden die Ecken. Als Außenriff werden dabei nur die ein Atoll umrahmenden Riffe bezeichnet, nicht jedoch alle Außenseiten eines Inselriffs. Die Ecken zeichnen sich durch schwer zu erkennende Strömungen aus, fallen aber meist relativ flach ab und bieten somit gleichzeitig Schutz gegen unbeabsichtigtes Absinken.

_____ Was die Außenriffe angeht, so gestaltet sich deren unterseeischer Verlauf sehr gleichmäßig. Außenriffe werden außer an Ecken meist nur von geringen Strömungen heimgesucht und stellen somit die einfachsten Tauchgänge dar. Ihnen fehlt vielleicht die Dramatik der anderen Riffe, aber Fischreichtum sowie Dichte

Zu den meisten interessanten Tauchplätzen gelangt man in den Malediven durch freies Abtauchen ohne Orientierungshilfe oder Abstiegsleine. Ebenso gestaltet sich der Aufstieg.

und Unterschiedlichkeit der Steinkorallen sind hier oft herausragend.

_____ Schließlich sollen noch die verbleibenden Tauchgänge im Innenatoll erwähnt werden. Hier wird oft der Begriff Lagune verwendet: einmal für die Fläche des Innenatolls, zum anderen aber auch für den Flachwasserbereich jeder Insel. Diese werden fast nur zu Übungszwecken angesteuert. Häufig handelt es sich dabei auch um Hausriffe der Inseln. Gerade wenn die Witterung einen Tauchgang in Kanälen oder an Außenriffen nicht zuläßt, ist man hier sehr gut aufgehoben. Was die Schönheit angeht, so kann man nur auf die Informationen der Tauchbasis vertrauen: Ein falsch gewählter Einstieg macht hier einen Tauchgang schnell zu einer eher langweiligen Angelegenheit.

_____ Denken Sie immer daran, daß unsere Angaben Verallgemeinerungen sind und in Ausnahmefällen die Situation eine ganz andere sein kann. Es ist deshalb unbedingt erforderlich, sich bei jeder Tauchbasis über die örtlichen Besonderheiten und Strömungen zu erkundigen.

_____ Wir haben versucht, die Schwierigkeit der dargestellten Tauchplätze für Sie zu bewerten. Dies geschieht aber ohne unsere Kenntnis über Ihre ganz persönliche Fitneß und Taucherfahrung. Jeder ist deshalb gehalten, sich selbst zu fragen, welcher Tauchgang wohl der richtige für ihn ist. Während eine reißende Strömung für den einen bedeutet, daß er ohne große Eigenbewegung viel betrachten kann, so können die gleichen Bedingungen für den anderen eine panikauslösende Streßsituation darstellen, die leicht jedes Vergnügen am Erlebnis der Unterwasserwelt zunichte macht. Aus derartiger Fehleinschätzung resultierender Ärger ist wirklich unnötig – bei solch einer Fülle an Tauchplätzen: Pro Basis können Sie meist zwischen über 30 Plätzen auswählen; da wird sicher auch für Sie etwas Geeignetes dabei sein.

Sicherheit und Strömung

Einige wichtige Anmerkungen zur Strömung: Fast alle Tauchgänge auf den Malediven sind Strömungstauchgänge, was in erster Linie bedeutet, keine Ankerleine als Ab- und Auftauchhilfe zur Verfügung zu haben. Man wird nach einem Tauchgang halt da wieder eingesammelt, wo man sich gerade befindet.

_____ Tauchgänge in Kandus (Kanälen) – und dazu gehören auch fast alle Thilas und Giris – sind die der Strömung am ehesten ausgesetzten Plätze. Man darf sich nicht von dem harmlosen Eindruck täuschen lassen, der sich vielleicht von der Wasseroberfläche aus ergibt. Nur Erfahrung und Ortskenntnisse ermöglichen hier eine faire Einschätzung der jeweiligen Situation.

Larry James im »Unterwassersturm«.

_____ Die größte Gefahr ist die Abdrift ins offene Meer, bevor man beim Auftauchen von der Bootscrew gesichtet wird. Insbesondere während des Südwest-Monsuns, wenn plötzliche Regenfälle die Sicht über Wasser weit unter 100 Meter sinken lassen und die Wellen meterhoch ansteigen können, versteht man sehr schnell, wieso jedes Jahr Unfälle dieser Art geschehen.

Aus diesem Grund sollte es jedermanns Pflicht sein, Signalgeber mit sich zu führen.

_____ Einfache farbige und aufblasbare Taucherballons sind für wenig Geld erhältlich und sollten in jedem Tauchgepäck vorhanden sein. Sie passen zusammengelegt in die Tasche der Tarierweste und ragen aufgeblasen je nach Typ bis zu 2 Meter von der Wasseroberfläche empor, wo ihr leuchtender Schein schnell vom Boot aus wahrgenommen werden kann. Ideal ist eine am Ballon befestigte Reepschnur, die eine Mindestlänge von 6 Meter haben sollte. So sind Sie schon während Ihres Sicherheitsstops in der Lage, Ihre Position durch den Ballon erkennbar zu machen.

_____ Ebenfalls empfehlenswert sind handliche Signalpatronen, die im Handel frei erhältlich sind und vor allem bei Dämmerung und in der Nacht kilometerweit gesehen werden können. Im normalen Gepäck verstaut, dürfen sie ohne besondere Genehmigung bei Flügen mitgeführt werden und sind gesetzlich nicht von der freien Einfuhr auf die Malediven ausgeschlossen.

_____ Ein wesentlich einfacheres Signalgerät ist eine kleine Taschenlampe, die zudem auch bei Tauchgängen am Tag Anwendung findet, wenn man an dem Erkennen der Realfarben der Unterwasserwelt interessiert ist. Diese Lampe dient zusätzlich als Ersatz bei Nachttauchgängen, wenn das Hauptlicht seinen Geist aufgibt; und wie wir alle wissen, geschieht das ja recht häufig. Letztlich sei noch die Stroboskoplampe erwähnt, die sich immer mehr durchsetzt. Sie hat die Größe einer kleinen Taschenlampe und ein sehr helles Blitzlicht, das weit und von überall (360°) gesehen wird. Eine kleine Batterie reicht meist für mehrere Stunden Betriebsbereitschaft. Diese Art von Lichtquelle scheint auch mehr und mehr die selbstleuchtenden Stäbe zu ersetzen, die durch Mischung von zwei Substanzen in einem geschlossenen Plastikröhrchen ein farbiges und bei Nacht gut zu erkennendes Licht ergeben.

_____ **Einige Hinweise zur Selbsthilfe im Notfall:** Seien Sie für den Fall einer Abdrift vorbereitet, und spielen Sie Ihre Verhaltensweise in solch einer Situation geistig durch. Anders, als allgemein bekannt, sollten Sie bei Abdrift Ihren Bleigurt nicht abwerfen, sondern an die Schnur Ihres Ballons binden und die ganze Einheit als Anker benutzen, falls Sie über ein überspültes Riff bzw. Giri oder flaches Thila getrieben werden. Befestigen Sie daran dann Ihre aufgeblasene Tarierweste, auf der Sie abwarten und Ruhe bewahren, bis Hilfe eintrifft. Die Luftflasche kann als möglicher Schutz gegen Gefahren aus dem Wasser an der Tarierweste belassen werden.

_____ Je stärker die Strömung ist, desto dichter sollten Sie bei Ihrem Partner bleiben, und bei auslaufender Strömung ist es sehr wichtig, daß Sie Ihren Tauchgang gut kennen und die Bootscrew unterrichtet ist.

_____ **Zur allgemeinen Ausrüstung:** Auch wenn er nicht von allen gern getragen wird, bietet ein dünner Neoprenanzug von 3 mm guten Schutz gegen Abschürfungen und Vernesselungen. Außerdem verhindern Sie die Unterkühlung bei längeren Tauchgängen.

_____ Natürlich sind Handschuhe nicht dazu da, daß man sich damit an den Korallen entlangzieht. Im Notfall sind sie aber ein hilfreicher Schutz und entgegen ökologischen Bedenken empfehlenswert.

_____ Ein letzter Ausrüstungsgegenstand, der Ihre Beachtung verdient, ist der Schnorchel. Er wird von Tauchern häufig für überflüssig gehalten. Sein wahrer Wert zeigt sich, wenn das Atemgerät leer sein sollte und man sich bei Wellengang

Zur sicheren Ausrüstung gehören auch Schnorchel, Signalboje und -patronen.

gelegenen Insel Bandos zusätzlich Krankenhäuser errichtet, die die Aufnahme der Patienten allerdings von deren Zahlungsfähigkeit abhängig machen. Diese Kliniken werden von drei Ärzten, vier Krankenschwestern und zwei Pharmazeuten geleitet, die eine erstklassige Versorgung garantieren sollen. Die Klinik auf der Insel Bandos verfügt zusätzlich über eine moderne Dekompressionskammer, die von einem europäischen Arzt bedient wird, der auf diesem Gebiet spezialisiert ist. In der Kammer können bis zu vier Personen gleichzeitig behandelt werden.

_____ Ärzte, die auf den Malediven arbeiten, empfehlen, sich vor Anreise auffrischend gegen Tetanus impfen zu lassen und auf jeden Fall Ohrentropfen im Gepäck mitzuführen. Es sollten nicht nur reinigende Tropfen sein, sondern für den Ernstfall auch antibiotische, die eine oft vorkommende Gehörgangsinfektion unterbinden können. Wer es erst gar nicht

Eine Deko-Kammer steht auf Bandos.

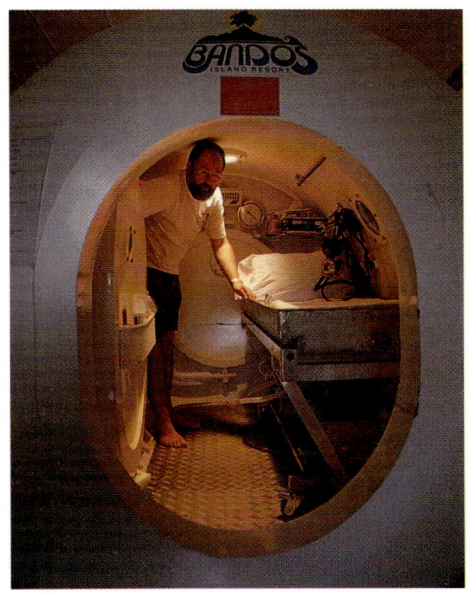

über Wasser halten muß. Dann schluckt man ohne Schnorchel schnell mal Wasser und vergeudet Energie, um den Kopf möglichst weit über die Wasserfläche hochzurecken. Also: Schnorchel immer mitnehmen!

Nehmen Sie Ihre Sicherheit in Ihre eigene Verantwortung und helfen Sie sich, der Tauchbasis und dem Ruf der Malediven durch eine kleine Investition und natürlich durch Ihre richtige Selbsteinschätzung.

Medizinische Versorgung

Im Laufe der Zeit sind auf verschiedenen Inseln einfache Kliniken entstanden, die meist von Indern oder Srilankern geführt werden. Eine schweizerisch-maledivische Organisation, die AMDC, hat in der Hauptstadt Male und auf der nahe-

soweit kommen lassen möchte, sollte insbesondere nach dem Tauchen unbedingt ein Stirnband tragen, um die Auskühlung der Ohren zu vermeiden.

____ Letztlich bleibt die Frage nach einer Rücktransportversicherung, die dann wirksam wird, wenn ernste Erkrankungen oder Verletzungen auftreten, für die die örtlichen Einrichtungen nicht ausgestattet sind. Tauchunfallspezifische Versicherungen werden von vielen Organisationen angeboten, unter anderem auch von CMAS, PADI und DAN (Divers Alert Network).

Umweltschutz

Ohne Frage sind die Malediven mit einer außergewöhnlich faszinierenden Unterwasserwelt gesegnet. Daß dieser einmalige Schatz schützenswert ist, versteht sich somit von selbst.

____ Die ersten, die Laut gaben, daß etwas zur Erhaltung der Riffe getan werden muß, waren die Tauchbasen, die alle Veränderungen der Unterwasserwelt durch ihre ständige Beobachtung der Gebiete rasch erkennen. Unter ihnen ist auch Eurodivers, eine Gesellschaft, die mit acht Tauchbasen im Nordmale-Atoll zu den größten gehört. Zusammen mit anderen haben sie die Organisation SAM (Scuba Association of the Maldives) gegründet. Ziel der Gruppe ist es, Richtlinien für sicheres Tauchen auf den Malediven durchzusetzen und die Notwendigkeit des aktiven Umweltschutzes durch Erlässe und Bemühungen jedes einzelnen zu proklamieren. Zentrale Punkte sind dabei

Ein Ökobeutel wird nach dem Müllsammeln aus dem Wasser geborgen. Jedes Jahr veranstaltet die Chartergesellschaft LTU in Zusammenarbeit mit den Hotels und den Tauchbasen auf den Malediven eine Inselbereinigung.

etwa die Verhinderung der Fischfütterung sowie der Schutz der Riffe vor Beschädigung durch unkontrollierte Tarierung der Taucher und bewußtes, meist unnötiges Anfassen von Korallen. Die Betreiber der Hotels und Tauchbasen haben sich außerdem in der Gesellschaft MATI (Maldivian Association of the Tourism Industry) zusammengeschlossen. Das Hauptziel dieser Organisation ist es, den Tourismus zu fördern. Mit dem europäischen Markt als Schwerpunkt und dem damit verbundenen hohen ökologischen Bewußtsein der Besucher hat man auch hier schnell die Notwendigkeit erkannt, die makellose Schönheit dieses tropischen Paradieses gegen äußere Einflüsse zu verteidigen.

_____ Ganz gezielt greift die Chartergesellschaft LTU in die Abläufe des Umweltschutzes ein. Beim Hinflug werden an alle Reisenden Plastiksäcke ausgegeben. Diese »Ökobeutel« sollen Besucher animieren, den während des Aufenthalts anfallenden Plastik- und sonstigen Feststoffmüll zu sammeln. Bei der Rückreise wird dieser Sack dann am Flughafen von den LTU-Mitarbeitern in Empfang genommen und zur Entsorgung beziehungsweise Wiederverwertung in Deutschland weitergeleitet. Diese Aktion ist für die maledivische Regierung sowie die Besucher vollkommen kostenlos. Darüber hinaus hat die LTU in Zusammenarbeit mit den Tauchbasen einen Ökotag im Jahr initiiert, an dem Gäste sowie Angestellte gebeten werden, den Müll zu sammeln, der im Laufe des Jahres auf und an die Inseln geschwemmt wurde. Die Tauchbasen offerieren dafür kostenlose Tauchgänge am Hausriff. Auch diese Abfälle aus Land und Meer werden von der LTU kostenlos nach Deutschland geflogen – eine Maßnahme, die unter den anderen Fluggesellschaften hoffentlich Nachahmer finden wird. Die maledivische Regierung ist sehr erfreut über die Hilfestellung auf diesem Gebiet und aus wirtschaftlichen Gründen in großem Maße auf internationale Unterstützung angewiesen. Mit der wachsenden Zahl von Touristen und dem steigenden Konsumbedarf einer rapid wachsenden Bevölkerung steigen die Müllmengen derart, daß die herkömmliche Methode der Abfallbeseitigung keine Lösung auf Dauer darstellt. Noch immer werden Abfälle jeder Art täglich tonnenweise ins Meer geworfen und belasten die Unterwasserwelt über alle Maßen. Neue Entsorgungsformen werden aber mittlerweile entwickelt. Dazu haben die Aktionen einiger Inseln beigetragen.

_____ Kanifinolhu im Nordmale-Atoll ist hier gleich auf mehreren Gebieten tonangebend. Als Pilotprojekt hat man dort einen Verbrennungsofen installiert, der mit extrem hohen Temperaturen selbst Feststoffrückstände aus Kläranlagen geruch- und giftgasfrei vernichtet. Die Installation war so erfolgreich, daß mittlerweile über zwanzig dieser Öfen an die maledivischen Inselhotels geliefert wurden, und es scheint, als ob dieses durch die norwegische Regierung unterstützte Projekt bis zum Jahre 2000 auf alle 70 Touristeninseln ausgedehnt werden kann. Für neue Anlagen ist die Installation bereits Pflicht.

_____ Kanifinolhu nutzt als erste Insel auch Solarzellen zur Heißwasserbereitung und reduziert dadurch ihren Stromverbrauch. Dort soll nun auch eine Anlage entstehen, die die Phosphate unserer Seifen und der Wäscherei filtert.

_____ Damit verbunden gleich eine Bitte an Sie: Kaufen Sie für Ihren Urlaub auf den Malediven nur biologisch abbaubare Seifen, und helfen Sie so, das Algenwachstum nicht explodieren zu lassen. Es gibt bereits Rifteile einiger Inseln, deren Korallenbestand davon bedroht ist.

_____ Bemühungen sind nicht immer nur anstrengend, sondern manchmal auch gewinnbringend. Hat man doch festgestellt, daß sich das zerkleinerte Glas von Flaschen ausgezeichnet als Beigabe und härtende Substanz für Zement eignet. »Kani« liefert diese Substanz mittlerweile erfolgreich an Händler in der Hauptstadt.

----- Andere Inseln verfolgen Projekte, die sich direkt mit dem Schutz der Tierwelt befassen. So die Insel Ziyaraifushi, wo junge Schildkröten so lange in geschützten Anlagen großgezogen werden, bis sie nicht mehr von Möwen und Reihern erbeutet werden können.

----- Einen Schritt weiter geht die Mannschaft der Insel Vaadhoo am nördlichen Rand des Südmale-Atolls. 1992 hat man hier begonnen, nicht nur für eine sichere Aufzucht von Karett- und Suppenschildkröten zu sorgen, sondern man studiert seither auch die Wanderungen dieser Tiere. Vaadhoo ist ein alter und immer wieder frequentierter Brutplatz für die grünen Riesen, die nach langen Meeresdurchquerungen stets an die gleiche Stelle zurückkehren, um ihre Eier abzulegen. Die Insel durchschneidet ein flacher Kanal, den man für die Aufzucht abgeteilt hat. Alle geschlüpften Schildkröten werden gekennzeichnet und freigelassen, sobald ihr Überleben sichergestellt ist. Dann verfolgen die Forscher deren Reise über Tausende von Kilometern. Man erhofft sich dadurch Aufschluß über ihre Lebensweise, um damit auch den Schutz dieser bedrohten Tierart einfacher und wirksamer zu machen. Es ist zu hoffen, daß derartige Einzelaktionen dazu beitragen, die andernorts bereits unumkehrbare Zerstörung einstiger Paradiese wenigstens auf den Malediven noch rechtzeitig zu verhindern.

----- Eine weitere ungewöhnliche und lehrreiche Möglichkeit, sich am Umweltschutz zu beteiligen, bietet sich dem Besucher, der sich auf der Taucherinsel Ellaidhoo im nördlichen Ari-Atoll einquartiert. Der Reiseveranstalter Sub Aqua, der alleiniger Vertreter auf dieser Insel ist, hat dort eine Meeresbiologin eingestellt, die kostenlose Seminare über das Leben unter Wasser und den Einfluß von uns Tauchern auf diese Welt abhält. Die zweitägigen Kurse sollen das Verständnis für die Empfindlichkeit des unterseeischen Lebensraumes erhöhen und lassen den Taucher die feinen, zerbrechlichen Formen aquatischen Lebens mit sensibleren Augen und vorsichtigeren Händen und Flossen wahrnehmen. Der an das PADI-System angepaßte Kurs ermöglicht die Ausgabe eines Spezialzertifikats, das Sie über die Kursleiter beantragen können. Sub Aqua hofft, daß besser informierte Aquanauten auch bessere Taucher werden und sie damit einen Beitrag zu einer harmonischen Koexistenz zweier Welten leisten.

Junge Suppenschildkröten drängen sich im Aufzuchtbecken der Insel Vaadhoo.

_____ Bei all diesen Bemühungen scheint man jetzt auch auf Regierungsebene zu erkennen, daß es an der Zeit ist, etwas zu unternehmen. Erst im September 1994 wurden von Präsident Mamoun Abdul Gayoom zwölf Gebiete zu Schutzzonen deklariert, in denen das Fischen sowie Abwerfen von Müll strikt untersagt wird. Bleibt natürlich die Frage nach der Kontrollierbarkeit solcher Beschlüsse. Dennoch: Ein Anfang ist getan.

Informationen für den Fotografen

Die Fotos für dieses Buch wurden ausschließlich mit einer Nikonos V aufgenommen, die meist mit einem 15-mm-Objektiv bestückt war. Nur wenige Aufnahmen entstanden mit dem 35-mm-Objektiv. Für Makrofotos wurden Zwischenringe verwendet.

_____ Das Lichtsystem bestand aus zwei manuell arbeitenden MCD 3 Blitzen, denen jeweils ein 90°-Diffusor aufgesteckt war. Die Belichtungszeit bewegte sich zwischen 1/30 und 1/90 Sekunde, die benutzte Blende war meist f/11, selten f/8 oder f/16. Ausnahmen sind die Bilder, die ohne Blitzlicht gemacht wurden. Hier vertraute man der Automatikfunktion der Kamera.
_____ Alle Fotos wurden auf Kodak Ektachrome 100 belichtet, der sich für sämtliche Bereiche unter Wasser eignet.
_____ Wer auf den Malediven Unterwasserfotos machen möchte, sollte ausreichend Filme mitbringen. Zwar ist auf den meisten Inseln eine kleine Auswahl an Filmmaterial erhältlich, die Preise sind aber teilweise erheblich höher als im Heimatland, und die richtige Lagerung ist nicht gewährleistet. Auch ist es sinnvoll, Ersatzteile dabeizuhaben, um Reparaturen selbst ausführen zu können.

Blaustreifenschnapper sind eines der beliebtesten Fotomotive der Malediven.

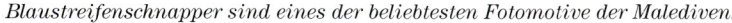

Stacheln, Zähne, Gifte

Insgesamt sind die Malediven ein sicheres Tauchrevier. Besonders die Strände sind frei von Gefahren, und der Seeigel, ein jedem Taucher aus anderen Gebieten bekanntes Ärgernis, findet sich hier nicht.
  ——— Die Malediven sind berühmt für die vielen Haie, aber man kann als Taucher sicher sein, daß sie einem keinen Schaden zufügen. Den Grund für die Harmlosigkeit der Riffhaie werden Sie verstehen, sobald Sie sehen, welche Mengen von Fischen die Haie in aller Ruhe umschwimmen: Die

Riesenmuränen haben scharfe Zähne.

Hydrozoen nesseln.

Riesendrücker verteidigen ihre Nester.

Haie haben also genügend Nahrungsangebot. Vorsicht ist allerdings geboten, wenn Sie bei Fütterungen dabei sind.
  ——— Dennoch gibt es auf den Malediven einige Gefahren, die ein Taucher beachten sollte. Die weitaus häufigste Verletzungsursache ist die Berührung mit Hydroiden und Feuerkorallen, die überall auf Riffen wachsen. Unachtsamkeit führt zu schmerzhaften Reizungen der Haut, die Sie durch Betupfen mit Essig oder Alkohol lindern können. Bedenken Sie, daß auch Schürfwunden, die durch normale Korallen entstehen, unangenehm sind und nur sehr langsam heilen.
  ——— Nicht so leicht kann man dem Riesendrückerfisch aus dem Weg gehen, der (während der Brutzeit) als einziger Zeitgenosse angreift und pferdebißähnlich zuschnappt. Wenn er mit einem aufgestellten Dorn am Rücken Angriffslust signalisiert, die Augen verdreht, sich seitlich neigt und auf einen zuprescht, dann tut man gut daran, ihn im Blick zu behalten,

den Körper zu schützen und mit den Flossen zu wackeln: Er beißt in das, was sich am schnellsten bewegt.

___ Weniger aggressiv, dafür aber gefährlicher sind Muränen, deren Bisse man nie unterschätzen sollte. Hier gilt: Nie in den Eingang der Muränenbehausung eindringen und die Tiere auf keinen Fall anfassen.

___ Der wohl passivste, aber gefährlichste Fisch ist der Steinfisch, der so gut getarnt ist, daß man auf ihn treten kann. Sein Stachel ist hochgiftig. Zur gleichen Familie gehören Drachenkopf und Rotfeuerfisch. In Gesellschaft des letzteren sollte man ein scharfes Auge auf dessen Rückenstachel haben, mit dem er blitzartig zustechen kann, sobald er sich bedroht fühlt.

___ Auch Stachelrochen sind keine Spieltiere, und man sollte ihnen ohne Anweisung des Tauchguides nicht zu nahe kommen. Unfreundlich reagieren sie verständlicherweise, wenn man in der Lagune auf sie tritt.

___ Erwähnt seien schließlich auch noch die Kegelschnecken, die giftige Pfeile abschießen können, jedoch nur sehr selten vorkommen.

___ Für die gesamte Unterwasserwelt gilt: Fassen Sie nichts an, was Sie nicht kennen!

Zum Gebrauch des Buches

Die Tauchplätze sind in drei Sektionen – Nordmale-, Südmale- und Ari-Atoll – eingeteilt und durchnumeriert. Die Nummern sind auf den Karten und in den Einzelbeschreibungen identisch. Auf den nachstehenden Karten können die Plätze lokalisiert werden. Sie sind mit Seiten- und Sektionsangabe aufgelistet. Auf den Sektionskarten ist zusätzlich die Lage der Hotels zu den Tauchplätzen angegeben (siehe auch das Hotelregister auf den Seiten 30–31). Generell sind Tauchgänge von der Hotelinsel in einem Radius von ca. 10 Kilometer erreichbar, bei Ganztagesausflügen bis ca. 20 Kilometer. In Sonderfällen (Besuch des Victory-Wracks oder anderer Klassiker) werden Strecken von über 30 Kilometer zurückgelegt.

Bedeutung der Symbole:

Tauchen für Anfänger

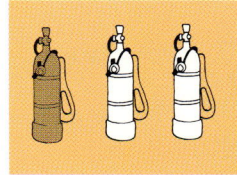

Tauchen für Fortgeschrittene

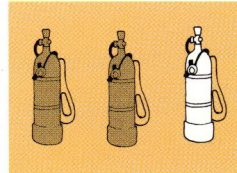

Tauchen für Geübte

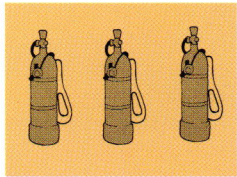

Hotelresorts und ihre Lage

Name	Andere Bezeichnung	Lage	Seite
Angaga		Süd-Ari, Mitte	96
Asdhu		Nordmale, Ost	34
Athurugau		Ari, Mitte-West	96
Bandos		Nordmale, Süd, innen	34
Baros		Nordmale, Süd, innen	34
Bathala		Ari, Nord-Ost	96
Biyadhoo		Südmale, Ost	68
Bodohiti	Bodu Hithi	Nordmale, Mitte-West	34
Bodufinolhu	Fun Island Resort	Südmale, Süd-Ost	68
Bolifushi		Südmale, Nord-West	68
Cocoa	Makunufushi	Südmale, Ost	68
Dhidhufinolhu	Ari Beach Resort	Süd-Ari, Süd	96
Dhiffushi	Holiday Island	Süd-Ari, Süd	96
Dhigufinolhu		Südmale, Mitte-Ost	68
Ellaidhoo		Nord-Ari, Ost	34
Embudu	Emboudou	Südmale, Nord-Ost	68
Embudu Finolhu		Südmale, Nord-Ost	68
Eriyadhu		Nordmale, Nord-West	34
Faru	Farukolufushi	Nordmale, Süd-Ost	34
Fesdu		Ari, Mitte-Nord	96
Fihaalhohi	Fiha Lhohi	Südmale, Süd-West	68
Furana	Full Moon Beach Resort	Nordmale, Süd-Ost	34
Gangehi		Nord-Ari, Nord	96
Gasfinolhu	Mahureva/Club Valtur	Nordmale, Ost	34
Giravaru		Nordmale, Süd-West	34
Halaveli		Nord-Ari, Nord, innen	96
Helengeli		Nordmale, Nord	34
Hembadhu		Nordmale, Nord-West	34
Hudhuveli		Nordmale, Süd-Ost	34
Ihuru		Nordmale, West, innen	34
Kandoma Fushi		Südmale, Mitte-Ost	68
Kanu Hura	Tari Island/Leisure Island	Nordmale, Mitte-Ost	34
Kudahiti		Nordmale, Mitte-West	34
Kuda Rah		Süd-Ari, Ost	96
Kurumba		Nordmale, Süd-Ost	34

Name	Andere Bezeichnung	Lage	Seite
Lankan Finolhu		Nordmale, Süd-Ost	34
Lilly Beach		Ari, Mitte-Ost	96
Little Hura		Nordmale, Süd-Ost	34
Lohifushi		Nordmale, Süd-Ost	34
Maafushi Varu		Süd-Ari, innen	96
Maayaa Fushi		Nord-Ari, innen	96
Machchafushi		Süd-Ari, Ost	96
Madoogali		Nord-Ari, West	96
Makunodhoo		Nordmale, Nord-West	34
Merufenfushi		Nordmale, Ost	34
Mirihi		Süd-Ari, innen	96
Moofushi		Ari, Mitte-West	96
Nakatcha Fushi		Nordmale, Mitte-West	34
Nika	Kudafolhudu	Nord-Ari, Nord	96
Oluhveli		Südmale, Süd-Ost	68
Rangali		Süd-Ari, West	96
Rannali	Rannaalhi	Südmale, Süd-West	68
Reethi Rah	Medhufinolhu	Nordmale, Nord-West	34
Rihiveli		Südmale, Süd	68
Thudhufushi		Süd-Ari, West	96
Thulagiri		Nordmale, Mitte-Süd	34
Vabinfaru		Nordmale, Süd, innen	34
Vadoo	Vaadhoo/Wadu	Südmale, Nord	68
Vakarufali		Süd-Ari, Ost	96
Velassaru	Laguna Beach Resort	Südmale, Nord-West	68
Velidu		Nord-Ari, Nord	96
Veligandu Hura	Palm Tree Island	Südmale, Mitte-Ost	68
Vilamendhoo		Süd-Ari, Ost	96
Villingilivaru	Ranveli Beach Resort	Süd-Ari, Ost	96
Villi Varu		Südmale, Mitte	68
Ziyaaraiyfushi		Nordmale, Nord-West	34

Tauchplätze im Überblick

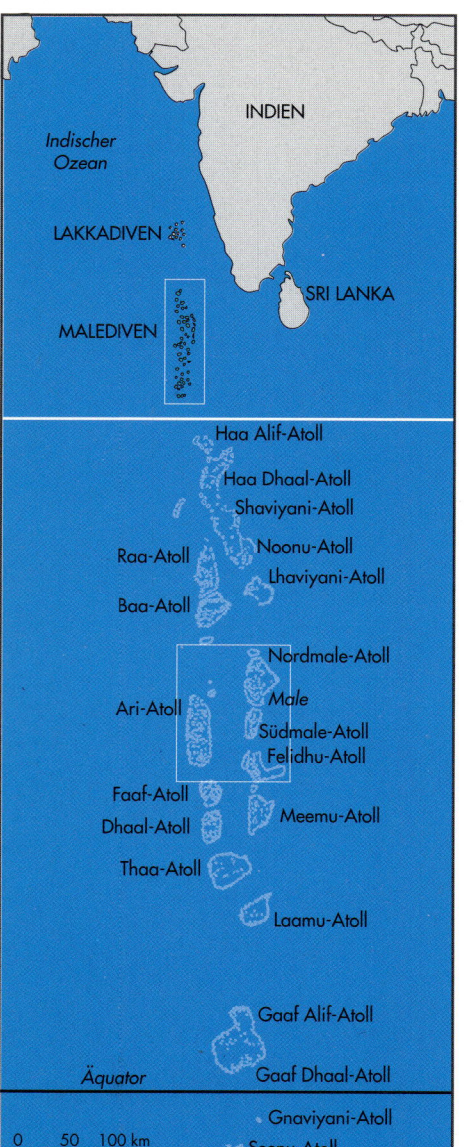

Nordmale-Atoll   Seite 35
Tauchplatz-Profile _____ 35
1 Lion's Head _____ 38
2 Old Shark's Point _____ 40
3 Victory Wrack _____ 41
4 Banana Reef _____ 44
5 Bandos Rock _____ 46
6 Manta Point/Lankan Caves _____ 48
7 Nassimo Thila (Paradise Rock) _____ 51
8 Okobe Thila (Barracuda Giri) _____ 54
9 Rainbow Reef (H.P.-Reef) _____ 56
10 Potato Reef _____ 58
11 Aquarium _____ 59
12 Kolosseum _____ 61
13 Ashdoo Kandu _____ 62
14 Olhahali _____ 64
15 Kuda Faru (Finger Point, Saddle) _____ 66

Südmale-Atoll   Seite 69
Tauchplatz-Profile _____ 69
16 Canyon (Embudhu Canyon) _____ 72
17 Vaadhoo Caves _____ 74
18 Ranikan _____ 76
19 Guraadhoo-Kanal/
    Guraadhoo Corner _____ 78
20 Lhosfushi _____ 81
21 Coral Garden _____ 84
22 Villivaru/Biyadoo _____ 86
23 Maafushi Thila/Maafushi Caves _____ 90
24 Kuda Giri _____ 92
25 Dhigu Thila/Gulhi Thila _____ 94

Ari-Atoll   Seite 97
Tauchplatz-Profile _____ 97
26 Halaveli Wrack _____ 100
27 Bodu Thila _____ 101
28 Maayafushi Thila _____ 103
29 Fesdu Wrack _____ 104
30 Ellaidhoo-Hausriff _____ 105
31 Magala Thila _____ 109
32 Fish Head _____ 111
33 Atavaru Thila _____ 112
34 Hithi Kandu Thila _____ 114
35 Broken Rock _____ 116
36 Kuda Rah Thila _____ 117
37 Dhigurah Arches _____ 120
38 Machchafushi-Hausriff _____ 121
39 Angaga Thila _____ 124
40 Mandhoo Thila _____ 126

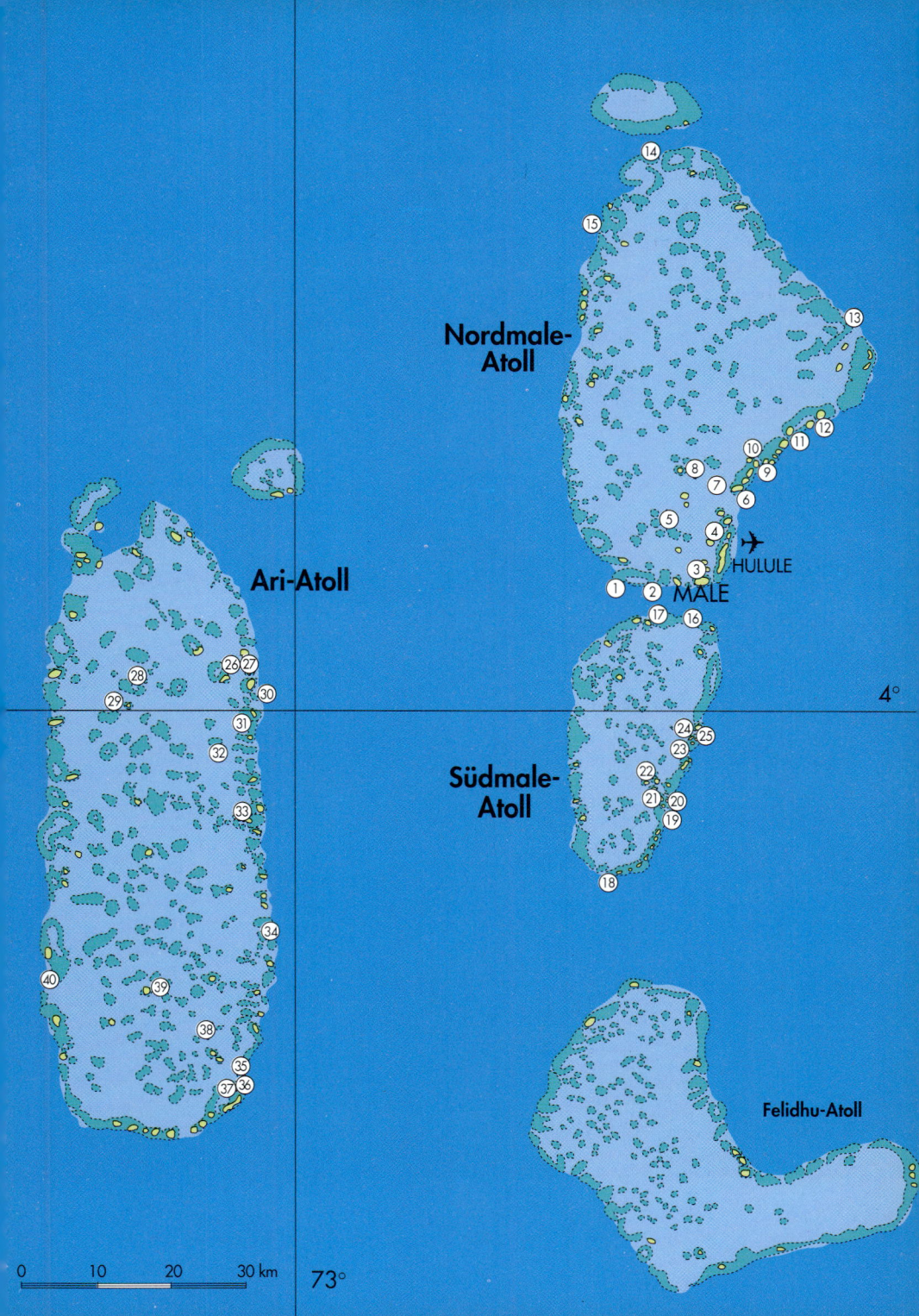

Nordmale-Atoll

Tauchplatz-Profile

	Name	Charakteristik	Schwierigkeit
1	**Lion's Head**	Haie, Landschaft (Arena)	②
2	**Old Shark's Point**	Klassiker	②
3	**Victory Wrack**	Wrack	②
4	**Banana Reef**	Landschaft, Strömung	③
5	**Bandos Rock**	Landschaft (Höhlen und Canyon), Glasfische, Barsche	②
6	**Manta Point/Lankan Caves**	Mantas, Schildkröten	②
7	**Nassimo Thila** (Paradise Rock)	Vielfältigkeit, Fischschwärme, Weichkorallen, Landschaft	③
8	**Okobe Thila** (Barracuda Giri)	Vielfältigkeit, Landschaft, Farbe	③
9	**Rainbow Reef** (H.P.-Reef)	Großfische, Haie, Überhänge, Weichkorallen, Gorgonien	③
10	**Potato Reef**	vielfältige Kleinigkeiten, Anfängertauchgang	①
11	**Aquarium**	bunte Fischschwärme, Schildkröten	①
12	**Kolosseum**	Weißspitzenhaie, Großfische	②
13	**Ashdoo Kandu**	Schildkröten, Gemütlichkeit, unberührte Landschaft	①
14	**Olhahali**	Überhänge, Unberührtheit	②
15	**Kuda Faru** (Finger Point, Saddle)	Haie, Strömung	③

Hier hat alles angefangen. Seit 1972 auf Kurumba das erste Hotel eröffnet wurde, hat sich die Qualität der Malediven als Tauchparadies lauffeuerartig herumgesprochen, was zur schnellen Ausbreitung des Tourismus führte und die Entstehung von weiteren Hotelinseln beschleunigte. Mittlerweile gibt es mehr Urlauber auf den Inseln als Einwohner in der gesamten Republik. Aufgrund seiner Nähe zur Hauptstadt Male und zum benachbarten Flughafen war Nordmale das erste Atoll, das für die Besucher erschlossen wurde.

____ Nordmale gehört administrativ mit Südmale und Gafaru zu einem Atoll, bildet geographisch aber eine selbständige Einheit und wird in diesem Buch als solche behandelt. Die Ausdehnung in nördlicher

Länge beträgt etwa 60 Kilometer und in der Breite 40 Kilometer. Die Hauptstadt Male und die Insel Villingili eingeschlossen, gibt es lediglich sechs Einheimischeninseln, deren Bewohner mit den Besuchern der 27 Hotelresorts außer in Male nur selten in Kontakt kommen.

_____ Ein Großteil der Touristeninseln befindet sich im Südosten des Atolls – und das mit gutem Grund. Abgesehen von der Nähe zum Flughafen und entsprechend kurzen Transferzeiten sind die Bedingungen unter Wasser hier die vielseitigsten. Fast alle bekannten Tauchgänge liegen in diesem Gebiet, so daß nur kurze Anfahrten nötig sind. Bandos, Kurumba, Farukolhufushi (Club Med), Furana Full Moon Beach Resort sowie Paradise Island sind in Flughafennähe und alle mit dem Dhoni in weniger als einer Stunde erreichbar. Sie sind auch die luxuriösesten Inseln und verfügen mit Ausnahme von Club Med sogar über Süßwasserschwimmbecken. Ihr Freizeitangebot ist reichhaltig, und ihre Tauchgebiete umfassen den Manta Point sowie das berühmte Victory-Wrack und die Haifischarena von Lion's Head. Bandos wird aufgrund seines guten Hausriffs und seiner zentralen Lage von Tauchern besonders gern besucht.

_____ Etwas weiter entfernt liegen die Inseln Hudhuveli, Tari Island, Little Hura, Kanifinolhu, Lhohifushi sowie Gasfinolhu. Von hier hat man ein breitgefächertes Tauchangebot: Zwei fischreiche Kanäle, der Lhohifushi sowie der Himmafushi Kandu beherbergen einige der schönsten Riffe des Atolls.

_____ Weiter im Nordosten kommen wir zu den abgelegeneren Taucherinseln Merufenfushi und Ashdu, die strömungsreiche Kanäle in großer Abgeschiedenheit

Die Hauptstadt Male hinter der Flughafeninsel Hulule.

Die goldene Kuppel der Moschee in Male steht als Symbol für die Zugehörigkeit der Inselrepublik zum Islam und ist zum Wahrzeichen des Landes geworden.

zu bieten haben. Neuentdeckungen sind in diesem Bereich sowie in der Einsamkeit des weiter nördlich und isoliert gelegenen Resorts von Helengeli noch möglich.

_____ Zum unbekannteren Norden gehören auch die bereits auf der Westseite liegenden Inseln Eriyadu, Makunudhoo und Ziyaraifushi. Im Zentrum dieser drei Inseln befindet sich der Finger Point, unserer Meinung nach der hervorragendste Tauchplatz zur Haifischbeobachtung. Von den nördlichen Inseln ist Eriyadu der klare Favorit unter Tauchern.

_____ Weitere Hotelinseln im Westen sind Reethi Rah, Hembadoo, Boduhithi, Kudahithi und Nakatchafushi. Die Tauchplätze dieser Region können im allgemeinen nicht mit der Vielseitigkeit des Ostens konkurrieren, aber während des Südwest-Monsuns kann hier die Sicht besser sein, und die Chance, auf Mantas zu stoßen, ist in der Zeit des Nordost-Monsuns höher als auf der Ostseite.

_____ Ferieninseln mit ruhigem Charakter dürfen sich die im Innenatoll gelegenen Hotels von Ihuru, Vabbinfaru, Baros und Thulagiri nennen. Außer Baros mit seinem schönen Hausriff sind sie nicht in der Spitzengruppe der Unterwasserliebhaber zu finden.

_____ Bleibt als letztes Giravaru im äußersten Südwesten zu erwähnen. Exklusivität, Ruhe und die Nähe zum Vaadhoo-Kanal mit seinen Attraktionen bieten den Anreiz, auf diese Insel zu fahren.

_____ Zusammenfassend läßt sich sagen, daß der Abwechslung suchende Taucher eigentlich nur den Südosten wählen kann. Der äußerste Norden und Osten ist dem Entdecker vorbehalten, während der Westen den richtigen Kompromiß zwischen überlaufenen und attraktiven Tauchgängen bietet. Und das Innenatoll bleibt schließlich für den, der es gern etwas ruhiger hat, und für den Taucher nur eine von vielen Möglichkeiten.

1 Lion's Head

Dieser Klassiker unter den Malediven-Tauchgängen verdankt seinen Namen einer Korallenformation am Rand des Amphitheaters. Eine Begegnung mit Haien ist so gut wie sicher, und so werden hier auch häufig Aufnahmen von Raubfischen beispielsweise für Werbeprospekte gemacht.

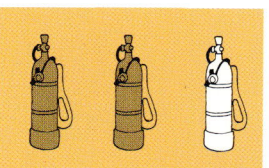

____ Für den Preis einer Eintrittskarte – eine Bootfahrt und eine Luftflasche – werden Sie hier in eine Welt geführt, die eine fast hundertprozentige Garantie dafür bietet, daß Sie Haie beobachten können. Der Ort liegt an einem krummsäbelförmigen Riff am südlichen Ende des Nordmale-Atolls. Der Tauchgang selbst und die notwendige Navigation könnten nicht einfacher sein. Tauchen Sie vom Boot aus am Riffhang bis zu einem leicht geneigten Plateau ab, und suchen Sie sich einen Platz auf einem der herumliegenden Korallenfelsen. (Aber bitte vergewissern

Wie Zuschauer auf einer Tribüne stehen und sitzen Taucher in der Arena des Lion's Head und warten auf den Beginn der erhofften Schau.

Graue Riffhaie leben tagsüber normalerweise in größeren Tiefen, kommen aber bei wiederholtem Füttern bis hin zur Wasseroberfläche. Begleitet, aber nur scheinbar geführt, werden Haie manchmal von Pilotfischen, die sich von den Resten der Haibeute ernähren.

Sie sich, daß er unter Ihnen nicht schon besetzt ist und Sie später vielleicht eine Muräne in Ihren Allerwertesten beißt.) Dann warten Sie einfach auf den Beginn der Show, die alsbald ihren Lauf nehmen wird.

_____ Bereits das Geräusch, das Sie beim Hineinspringen ins Wasser verursacht haben, reicht aus, um wie ein Signal die Grauen Riffhaie aus den Tiefen ins Amphitheater zu locken. Über zehn dieser kräftigen Räuber sind hier im Vaadhoo-Kanal schon beobachtet worden, wie sie sich um die Taucher versammeln und auf einen mitgebrachten Leckerbissen hoffen. Offiziell wurde das Füttern der Haie nach einigen Unfällen mit den Tieren untersagt, es ist aber nicht gesetzlich verboten, und so gibt es noch einige Tauchzentren, die es weiterhin praktizieren. Dies genügt, um die Haie in der Hoffnung zu lassen, daß Taucher Futter bringen.

_____ Unser Amphitheater, dessen Tribünen auf 10 bis 15 Meter liegen, bietet guten Schutz selbst gegen starke Strömung, worin ein großer Unterschied zu den anderen Hai-Tauchgängen der Malediven besteht. Falls sich in den ersten 10 Minuten keine Haie zeigen sollten, kann man einen weiteren Absatz auf 30 Meter ansteuern. Vorsicht ist hier mit den zulässigen Nullzeiten geboten, die schnell überschritten sind, wenn man gebannt dem Treiben der Haie folgt.

_____ Nach diesem Erlebnis können wir auf dem ruhigen Resttauchgang versuchen, unseren Adrenalinhaushalt zu normalisieren und die Aufmerksamkeit den übrigen Schönheiten des Riffs zuzuwenden. Von 25 Meter angefangen bis hin zu unserem Sicherheitsstop auf 5 Meter sehen wir beim Aufsteigen kleine Höhlen, die eine Erkundung wert sind. Wieder einmal sind es die gelb-schwarzen Süßlippen, an denen wir uns erfreuen. Sie teilen sich den Raum mit bunten Zackenbarschen und Roten Husaren. Weichkorallenansammlungen runden das harmonische Bild ab.

_____ Wir haben auf den Malediven zwar Schöneres gesehen als Lion's Head, dennoch sollte man diesen Tauchgang machen, wenn sich die Möglichkeit dazu ergibt. Und sei es nur als Maßstab zu anderen.

2 Old Shark's Point

Es ist schon wahr, was die Maledivenführer über diesen alten Hai-Punkt schreiben: daß nämlich die Haie hier keine Zähne mehr haben und viele sozusagen »mit Krückstock« schwimmen. Sie glauben das nicht? Vielleicht wird es Ihnen aber dann verständlich, wenn Sie wissen, daß dieser Platz einer der ersten seiner Art war. Heute allerdings hat er Konkurrenz von vielen jüngeren Haiplätzen.

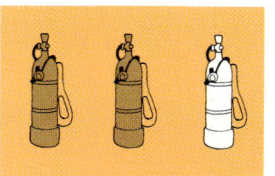

_____ Nicht weit entfernt liegt über Wasser die Müllverbrennungsinsel, deren Gerüche manchmal direkt in unsere Richtung ziehen. Schnell versuchen wir, in die wesentlich angenehmere Atmosphäre der Unterwasserwelt zu gelangen.

_____ Der Riffhang ist nach dem flachen Einstieg ab 5 Meter gemäßigt bis steil, aber mit gelegentlichen Senkrechten durchzogen, die einige Höhlen verschiedener Größen aufweisen. Am Ende der Wände befindet sich ein Sandboden, von dem aus sich der Vaadhoo-Kanal bis in eine Tiefe von ca. 400 Meter fortsetzt. Die Nähe des tiefen Wassers und die damit verbundene Theorie, daß der Vaadhoo-Kanal gern als Passage von Großfischen genutzt wird, sind Faktoren, die eine Begegnung mit Haien begünstigen. Schauen Sie also von Zeit zu Zeit ins Blau, um nicht einen der Grauen zu verpassen.

_____ Von einigem Interesse ist die südöstliche Ecke. Hier sieht es aus, als hätte »Krümelmonster« getobt. Zu unserem Vorteil, denn wir können zwischen den Felsen durchschwimmen und genießen somit eine landschaftlich sehr schöne Variante. Der auf 15 Meter gelegene größte Spalt birgt an seiner tiefsten Stelle eine Aushöhlung, die während unserer Besuche stets von bizarrem Leben erfüllt war. Einer der seltenen Fangschreckenkrebse hat sich hier sein Zuhause eingerichtet.

_____ Wir befinden uns an einem strömungsexponierten Ort, und ein Tauchgang bei einlaufendem Wasser ist deswegen vorzuziehen. Verpassen Sie nach Möglichkeit die Blöcke nicht, die als Alternative zu vielleicht nicht erscheinenden Haien den Höhepunkt dieses Tauchgangs darstellen können. Lenken Sie Ihre Aufmerksamkeit auf die Blöcke und die schönen Steinkorallenformationen in den flachen Bereichen sowie auf das offene Wasser – und Sie werden zufrieden Ihren Tauchgang beenden.

Seescheide in einer bunten Makrowelt.

3 Victory Wrack

Für Wrackfreunde ist dies mit Abstand der beste Tauchgang der drei Atolle. Mit 110 Meter Länge ist die Victory auch das längste Schiff, das hier gesunken ist. 1981 konnte es seinem Namen keine Ehre machen, als es – einstmals »Sieg« (Victory) getauft – ziemlich ruhmlos unterging.

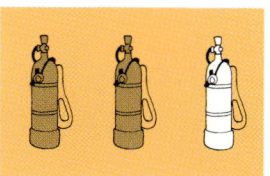

——— Das Schiff lief mitten in der Hafeneinfahrt von Male auf Grund und mußte ins tiefere Wasser gezogen werden, um nicht die übrige Schiffahrt zu blockieren. Heute steht es aufrecht auf dem Kiel, so wie es damals den 35 Meter tiefen Grund erreichte. Eine feste Ankerleine wurde an dem größeren der zwei Antennenmasten angebracht, an dem wir unseren Tauchgang beginnen.

——— Halten Sie sich beim Abtauchen gut an der Ankerleine fest, und lassen Sie sich

Interessante Aus- und Einblicke gewähren die Öffnungen für die Ankerkette im oberen Bereich des Bugs der »Maldive Victory«.

erst einmal auf eine Tiefe von 24 Meter zum Hauptdeck hinab. Dann schwimmen Sie weiter in Richtung Bug. Große Bereiche des Rumpfes sind problemlos zu besichtigen, da die Abdeckungen der Luken fehlen. Einige Zementsäcke und Weinflaschen liegen am Boden verstreut. Tauchen Sie jetzt zum Bug, schwimmen Sie darüber hinweg, und schauen Sie sich das Ganze einmal von dieser Position aus an.

_____ Die Victory sieht eigentlich nicht aus wie ein Wrack, sondern eher wie ein friedlich schwimmendes Boot, das sicher und stolz an seinem danebenliegenden kräftigen Anker hängt. Eine dicke Eisenkette verbindet die beiden. Diese Vorstellung bekommt etwas Unwirkliches, wenn man die Szene als Silhouette gegen die sich brechenden Sonnenstrahlen betrachtet, und sie löst sich vollends auf, sobald vorbeischwimmende Doktorfischschwärme uns an das umgebende Element erinnern.

_____ Weiter hinten im Schiff kann man den großen Steuerstand von beiden Seiten aus erkunden. Das Steuer selbst fehlt, und nur einige Sicherungskästen und verschiedenes Gerät zeugen von der ehemaligen Funktion der Victory als Frachter. Die Unterkünfte der Mannschaft liegen gleich dahinter. Sie sind aber nur durch ziemlich enge Passagen zugänglich und sollten deshalb ausschließlich von denjenigen erkundet werden, die entsprechend ausgebildet sind.

Kassettenradios gehören mit zu den versunkenen Erinnerungen an die einstige Ladung der »Maldive Victory«.

_____ Die Victory ist im ungeschützten Gewässer gesunken und deshalb häufig sehr starker Strömung ausgesetzt. Da wir die Ankerleine zum Ab- und Auftauchen benutzen können, ist das für uns kein Hindernis, aber es erschwert den Wrackbesuch und macht ihn teilweise recht mühevoll. Auch leidet die Sicht meist durch die aufgewirbelten Teilchen.

_____ Das Wrack der Victory liegt relativ tief, die Tauchzeit ist dadurch begrenzt, und wir empfehlen, einen sonnigen und ruhigen Tag für diesen Tauchgang zu wählen.

◁ *Verschwindend klein ist die Silhouette eines Tauchers neben dem enormen Rumpf des größten Wracks der Malediven.*

4 Banana Reef

Falls Sie schon einmal von anderen Bananen-Riffen gehört haben sollten, so muß hier klargestellt werden, daß es sich bei unserem sozusagen um die echte »Chiquita-Banane« handelt. Drama-

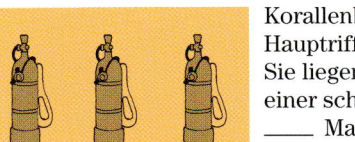

tische Überhänge, Höhlen und Korallenblöcke sowie große Mengen von Orientsüßlippen, Doktorfischen und unfaßbar riesigen Napoleonfischen machen zusammen mit der Chance, Grauen Riffhaien zu begegnen, diesen Tauchgang zu einem der bekanntesten und zu einem Muß der näheren Umgebung.

____ Wenn die Strömung ostwärts läuft, dann gehen Sie im Westen ins Wasser. Nach ungefähr 5 Metern sind Sie bereits voll auf der Höhe des Riffs und Ihrer Beobachtung. Wir haben einen ausgezeichneten Ausblick auf einen akkurat und gleichmäßig gemähten »englischen Rasen«, der von filigranen, hübsch gewachsenen Korallenreihen wie von Hecken eingezäunt scheint. Der Ausblick kann jedoch durch die Abertausende von aquatischen Stammkunden verdeckt werden, die als Riffbelagerer in der Strömung stehen wie Wetterhähne auf den Dächern in einer anderen Welt. Da sieht man vor lauter Fischen den Schwarm nicht mehr.

____ Tauchen Sie weiter ab auf 18 bis 20 Meter, und lassen Sie die Strömung für Sie arbeiten. So schweben Sie westwärts, wo die erst nur leicht abfallende Riffkante in eine nahezu senkrechte Wand übergeht. Dort geraten Sie dann zielsicher zu drei Korallenblöcken, die sich vom Hauptriff abgespalten haben. Sie liegen genau gegenüber einer schönen Einhöhlung.

____ Machen Sie es den Fischen nach, und schwimmen Sie entlang den strömungsabgewandten Seiten oder im Schutz der Überhänge und Höhlen. Entdecken Sie die kleinen Wunder der Nischen, und hal-

ten Sie Ausschau nach größeren Tieren im Freiwasser, die hier immer ihre Runden ziehen. Zackenbarsch Udo sieht diese Gegend als sein Zuhause an und wird Sie unter Umständen erst einmal mißtrauisch unter die Lupe nehmen. Hat er sich dann mit Ihrer Anwesenheit abgefunden, so ist ein freundschaftliches Streicheln des Riesen durchaus möglich. So versprechen es zumindest die Tauchbegleiter.

——— So schön es hier auch ist, wir wollen weiter, denn das Riff hat noch einiges mehr zu bieten: Höhlen und Überhänge, von denen alle gleich reizvoll sind.

——— Bevor Sie zu einer ausgeprägten Ecke kommen, werden Sie kurz vorher auf einen Überhang stoßen, der deutlich macht, wie unterschiedlich Unterhöhlungen sein können. Kaum haben wir festgestellt, daß er aussieht, als wäre er durch einen Strudel ausgewaschen, befinden wir uns auch schon mitten in ihm und haben Mühe, aus dieser »Waschmaschine« wieder herauszufinden. Bei starker Strömung *muß* dieser Teil umgangen werden, indem man oberhalb am Riff entlang taucht. Bedenkt man diese Warnung, dann läßt sich Banana Reef als Höhepunkt einstufen, der zu unseren bisherigen Eindrücken etwas wirklich Einmaliges und Unvergeßliches hinzufügt.

Das Rot eines Husarenfisches verleiht einer korallenreichen Riffszene am Banana Reef das fehlende Tüpfelchen auf dem »i«.

5 Bandos Rock

Kenner bezeichnen den Ort schlicht als Bandos Rock (Bandos-Felsen); wir fanden jedoch, daß er einen spirituelleren Namen verdient hätte und nannten ihn »Glanz der Wasserfälle«. Dies bezieht sich auf die enorme Ansammlung von Glasfischen, die, sich über das Riff ergießend und durch Canyons fließend, das reflektierende Licht in silbrigem Schein wie das funkensprühende Glitzern von Wasserfällen wirken lassen.

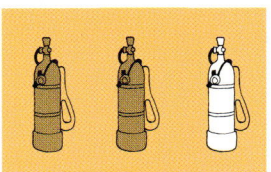

_____ Als Teil des Riffs der Insel Bandos gehört Bandos Rock zu dessen Hausriff, ist aber im Vergleich zu dem etwas verbrauchten Charme der eigentlichen Hausriff-Tauchplätze eine verborgene Schönheit. In der Regel kommt man mit dem Boot zu diesem Platz, auch wenn es, vor allem bei Flut, keine Schwierigkeit bereitet, über die weniger als 50 Meter breite Lagune der Insel zu schwimmen und so den Tauchgang von Land aus zu machen.

Unzählige Glasfische flitzen durch das Wasser und erhellen das Blau mit ihren silbrig glitzernden kleinen Körpern.

_____ Von der Sub Aqua-Tauchbasis im Nordosten der Insel fährt man mit dem Boot nur wenige Minuten in südlicher Richtung und wird dann in das funkelnde Abenteuer entlassen. Schwimmen Sie sogleich zu einer Tiefe von 24 Meter, und beginnen Sie dort Ihre Unterwasserreise mit der sanften Bewegung des Wassers. Sind Sie an der richtigen Stelle gesprungen – wobei Sie auf die Information der Tauchbasis angewiesen sind –, dann werden Sie die ganze Strecke über von Löchern, Einschnitten, Höhlen, Überhängen und schließlich dem Höhepunkt – unserem Felsen – begleitet. Anglerfische können hier beobachtet werden, aber sie sind mit ihrer Tarnung nur sehr schwer vom Riff zu unterscheiden, und Sie dürfen nicht enttäuscht sein, wenn sich ein Treffen mit ihnen nicht arrangieren läßt.

_____ Nun zu den Glasfischen: Fast immer sind sie hier, die Hunderttausende von schillernden Punkten, von denen jeder einzelne schon ein herrlicher Anblick ist und die im Schwarm geradezu hypnotisierend wirken, wenn sie sich Welle für Welle glitzernd an einem vorbeischieben. Wie durch einen unsichtbaren Faden miteinander verbunden, wiegen sie sich absolut synchron wie eine Wolke aus silbrigem Staub vor den Höhleneingängen von Bandos Rock im Wasser. Diese Lichterkaskade ergießt sich über das Riff und stürzt durch einen Canyon in die Tiefe, wo sich die Tiere durch Ritzen und Spalten schließlich wieder dem hellen Schein der Sonne zuwenden, um das fließende Leuchten über dem Taucher nicht abreißen zu lassen.

_____ Die strahlende Masse kann so dicht werden, daß man mitunter Schwierigkeiten mit der Navigation bekommt und hinter dem Schwarm verborgene Wesen erst im letzten Moment erkennt, was

Ein Zackenbarsch kommt aus seiner Höhle und beäugt uns mißtrauisch.

so manche Begegnung etwas plötzlich gestaltet. Wir sind beispielsweise direkt vor das Haus zweier gigantischer Riesenmuränen geschwommen und waren sehr verblüfft.

_____ Auf dem weiteren Weg erwarten uns noch andere Besonderheiten. Dazu gehört ein Stachelrochen, der hier sein Zuhause hat und sich von Tauchern nicht beeindrucken läßt, sowie ein zahm wirkender Zackenbarsch, der vor einem stehend sein Maul aufsperrt, als wolle er gefüttert werden. Auch gegen Streicheleinheiten hat er häufig nichts einzuwenden.

_____ Gewiß, auch diese Begegnungen sind eindrucksvoll. Und dennoch – das diamantene Glitzern der Glasfische ist es, das Sie am Bandos Rock auf keinen Fall versäumen sollten.

6 Manta Point/Lankan Caves

Tauchen kann sich hier von seiner besten Seite zeigen. Tiefblaues Wasser, erfüllt mit großen Gruppen von Süßlippen und Gelben Schnappern, das ist hier die Kulisse, an der Mantarochen mit müheloser Eleganz reihenweise vorbeigleiten. Selbstverständlich bekommt man in dieser natürlichen Umgebung nichts davon unter Garantie vor die Taucherbrille, aber wer hierher kommt, hat gute Chancen.

_____ Ihr Tauchgang wird normalerweise einige hundert Meter nördlich des Kanals Bodu Kalhi beginnen. Man wird Sie ca. 50 bis 100 Meter von der Riffkrone entfernt ins Wasser lassen, die zu der Lagune von Lankanfinolhu gehört. Hier tauchen Sie erst einmal in eine Tiefe von 10 Meter ab, um dann an dem schräg abfallenden Außenriff nach Süden zu schwimmen. Das Riff ist dort hauptsächlich in den flacheren Bereichen sehenswert, und man kann darauf zählen, Schildkröten und Riffhaie anzutreffen.

_____ Falls Sie sich in die Tiefen des Ozeans hinablocken lassen, geht Ihnen der landschaftliche Eindruck etwas verloren. Er wird aber unter Umständen durch die Begegnung mit großen Napoleonfischen, Adlerrochen und Mantas aufgewogen, die sich lieber im offeneren Wasser entlang dem steiler abfallenden Riff in den größeren Tiefen aufhalten.

_____ Überschreiten Sie nicht die 30-Meter-Marke, und kommen Sie mindestens auf 20 Meter zurück, wenn das Riff nur noch sanft abfällt. Wenn Sie dann auf dem leicht geneigten, teilweise sandigen Hang Korallenblöcke erspähen, sind Sie am Ziel.

_____ Hier ist Manta Point, der bis dato sicherste Treffpunkt dieser Meeresriesen, die sich hier alljährlich zum Planktonfressen und zum geselligen Putzenlassen versammeln. Lassen Sie sich von dem berauschenden Tanz dieser geflügelten Giganten bezaubern. Ansehen zu dürfen, wie diese Tiere mit ihren enormen Spannweiten nahezu ohne Eigenbewegung durch das tiefe Blau »zoomen« und ohne erkennbaren Anlaß scheinbar aus purer Freude dabei Loopings und Drehungen vollführen, ist ein Erlebnis, das sich niemand entgehen lassen sollte.

_____ Gleiten Sie an den Korallenblöcken entlang, und genießen Sie die Show, die sich Ihnen bietet.

_____ Die Experten sind sich einig, daß es die Blöcke sind, die, angefüllt mit Putzerfischen, eine solch große Anziehungskraft auf die Mantas ausüben, denn nur durch sie können diese Wesen ihre Parasiten gründlich loswerden. Daß die Mantas nur während des Südwest-Monsuns hier versammelt sind, liegt dagegen an der Planktonarmut des Wassers während der übrigen Zeit.

Ein ungleiches Paar: Taucher und Manta. ▷

Ein Juwelenzackenbarsch lugt aus der Spalte eines Überhanges, der reich mit weiß- bis violettfarbenen Weichkorallen bestückt ist.

_____ Schwimmen Sie den sanften Großmäulern nicht hinterher, und bleiben Sie an den Blöcken am Boden, um keines der Tiere zu verängstigen oder ihm das Gefühl zu geben, die Putzerstation sei besetzt. Unter Umständen verjagen Sie sonst diese wunderbaren Kreaturen.

_____ Es wird auch empfohlen, die Mantas nicht durch unnötig viele Luftblasen nervös zu machen, doch hatten wir häufig den Eindruck, daß sie unsere Luft geradezu begeisterte. Es kam sogar vor, daß Mantas direkt über den Tauchern stehen blieben; anscheinend gefiel ihnen das prickelnde Gefühl der sprudelnden Blasen auf der Haut.

_____ Sollten Sie tatsächlich das Pech haben, nicht an so einer Mantaversammlung teilzunehmen, dann schreiben Sie den Tauchgang nicht ab, sondern machen Sie sich lieber auf den Weg zum Kanal weiter im Süden. Gehen Sie auf 25 Meter, und suchen Sie dort Überhänge. Einmal gefunden, ziehen sie sich sehr weit an der Kanalwand entlang. In ihrer Länge sind die Überhänge einmalig, und der Bewuchs darunter gehört noch mit zu dem unberührtesten im Atoll.

_____ **Anmerkung:** 1994 wurden umfangreiche und langandauernde Bauarbeiten auf der Insel Lankanfinolhu vorgenommen, was die scheuen Mantas in diesem Jahr davon abhielt, zahlreich zu erscheinen. Die Hoffnung bleibt, daß nach Beendigung der Störung schnell wieder der Normalzustand eintritt.

7 Nassimo Thila (Paradise Rock)

Wenn Ihre Vorstellung vom Paradies die eines tropischen Cocktails mit Minisonnenschirm ist, der Ihnen am Pool serviert wird, dann wird Paradise Rock Ihr Herz nicht zum Klopfen bringen. Falls Sie jedoch auf die Malediven kamen, um dort in riesigen Fischschwärmen zu schwimmen, um mit Riesenschildkröten zu turteln oder mit Napoleonfischen oder einem Hai zu flirten, dann wird hier Ihr Traum zur Wirklichkeit.

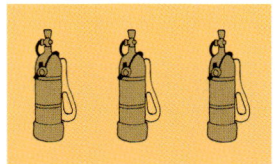

_____ Wir befinden uns im südlichen Teil des Nordmale-Atolls, etwas westlich von der Touristeninsel Lankanfinolhu. Tauchleiter befestigen das Boot am Beginn des Tauchgangs gern am Riff; denn Strömungen können auf dem Weg zur Riffplatte in 12 Meter Tiefe Schwierigkeiten bereiten.

_____ Der meistgewählte Einstieg ist im Westen des Riffs, wo wir an der Leine abtauchend sogleich auf Überhänge

Ein Schwarm Schnapper in Begleitung einiger Süßlippen schwebt über dem 12 Meter tiefen Riffdach des paradiesischen Nassimo Thila.

stoßen. Sie schließen sich an den Finger an, der unser Boot hält. Die Überhänge bieten guten Schutz gegen die heftigen Turbulenzen im Freiwasser.

―― Nutzen Sie die Gelegenheit, und beobachten Sie, wie die Fische scheinbar mühelos gegen die Kraft des Wassers anschwimmen. Achten Sie insbesondere auf die Napoleonfische, die hier ständig kommen und gehen. Natürlich sind auch Süßlippen mit von der Partie und Schnapper, die dann und wann neugierig, aber scheinbar distanziert und gelangweilt an Ihnen vorbeiparadieren.

―― Die Decken der Überhänge sollten unbedingt einer genaueren Inspektion unterzogen werden. Sie sind teilweise über die ganze Fläche mit weißen und blauen

stummeligen Weichkorallen übersät; ein Bild, das durch weitere rotgefärbte Tiere der gleichen Art unterbrochen und belebt wird. Eingerahmt sind diese Szenen von Fächerkorallen in verschiedenen Größen und Farben, die wiederum eingefaßt werden von schwarzen Haarsternen. Sie schmücken die Gorgonien nicht uneigennützig, sondern profitieren hier von der ausgesetzten Lage, in die die Fächer zur effektiveren Nahrungsaufnahme im wahrsten Sinne des Wortes hineinwachsen.

_____ Im Westen fällt das Riff steil auf 20 Meter ab, wo es durch sandigen Boden aufgehalten wird. Wir schwimmen im Uhrzeigersinn nach Norden, wo sich der Riffhang bis fast 30 Meter hinunterzieht und wir auf vier abgespaltene Blöcke treffen. Zwischen ihnen liegt häufig ein Weißspitzenhai, manchmal sind es auch zwei.

_____ Achten Sie auf Ihre Tauchcomputer und -tabellen. Dekotauchgänge sollten vermieden werden, denn abgesehen von Verboten wäre es schade, wenn Sie einen ausgedehnten Dekostop im Freiwasser über der Riffplatte machen müßten und dadurch andere reizvolle Besonderheiten verpaßten.

_____ Schauen Sie sich also die Blöcke nur kurz im unteren Bereich an, steigen Sie dann höher, und schwimmen Sie bald hinüber zum Hauptriff, wo bereits zwischen 15 und 18 Meter ein Canyon auf Sie wartet, der Sie bequem zur Riffplatte führt. Hier folgen Sie den Blaustreifenschnappern und lassen sich von ihrer Farbintensität bezaubern, bis Sie zum Auftauchen gezwungen sind.

_____ Dieser Tauchgang ist nur etwas für Fortgeschrittene und Geübte! Die durchschnittliche Tiefe liegt bei 20 Meter und macht einen Sicherheitsstop im Freiwasser notwendig. Taucher mit Tarierschwierigkeiten sollten hier nicht tauchen. Wer aber den Bedingungen gewachsen ist, der wird diesen Ort für immer als ein herrliches Unterwasserparadies in Erinnerung behalten.

Fotogene Genauigkeit: Orientalische Süßlippen stehen exakt eingereiht in ihrem Schwarm unter einem Überhang.

8 Okobe Thila (Barracuda Giri)

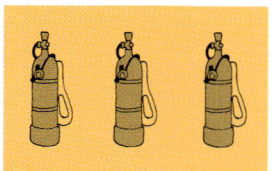

Die richtige Formel für den besten Tauchgang zu finden ist nicht immer einfach. Wenn Sie aber drei kleine besondere Korallenblöcke in einen warmen tropischen Ozean geben, dann haben Sie schon die Hauptbestandteile für ein erfolgversprechendes Rezept.

____ Die drei besagten Blöcke bilden ein eigenes Riff knapp 15 Dhoni-Minuten nordöstlich der Insel Bandos. Eigentlich ist es viel zu tief gelegen, um ein Giri zu sein, denn es stellt keine Gefahr für die Schiffahrt dar. Deshalb finden wir auch den alten, von Fischern benutzten Namen Okobe Thila passender als Barracuda Giri.

Der Steinfisch hat sein Aussehen seiner Umwelt angepaßt, so daß er nur sehr schwer zu erkennen ist.

____ Angeblich haben vor allem die zeitweise vorkommenden Barrakudaschwärme diesen Tauchplatz berühmt gemacht, aber auch die farbenfrohen Weichkorallen sowie die skurrilen und unberührten Formen der Steinkorallen gehören zu den schönsten im Nordmale-Atoll. Hier bekommt selbst der verwöhnteste Taucher Erlesenes geboten.

____ Es war für uns jedesmal beeindruckend, wie die Tauchbegleiter mitten im Meer ohne jeglichen Anhaltspunkt in einigen Kilometern Entfernung diesen Platz selbst bei flach stehender Sonne orten konnten, aber es gelang ihnen immer. Erst einmal angekommen, wird das Boot vor Tauchbeginn an einem Auge im Riff befestigt, so daß sich keiner verirrt. Es ist einer der wenigen Tauchgänge, bei denen wir uns aus eigener Kraft zum Boot zurückbewegen müssen. Durch die Ankerleine wird der Weg zum 15 Meter tief gelegenen Riff vereinfacht, wo es zeitweise sehr starke Strömungen geben kann.

____ Gleich zu Anfang des Tauchgangs sollte man ein wenig an dem scharfen Grat entlangschauen, der als höchste Erhebung des Riffs von Ost nach West durchs Wasser zieht. Geschulte und »findige« Augen können hier Steinfische entdecken, die sich sowohl durch ihre meisterhafte Tarnung als auch ihre Häßlichkeit auszeichnen.

____ Die westlichste Spitze ist vom Hauptriff abgebrochen und wird durch einen schmalen Canyon von ihm getrennt. Ein

Die »Schatztruhe« zeigt sich vorwiegend in Rot, aufgehellt durch einen Schwarm von Glasfischen.

Taucher paßt hier leicht hindurch. Der Boden liegt auf 24 Meter und ist mit sehr empfindlich aussehenden Fächern bedeckt, deren schneeweiße Polypen sich in die Strömung recken, um Plankton zu filtern. Fast weihnachtlich wird einem zumute, wenn die Doktorfische dazu im Einklang blinkend ihre Farbe von Grün nach Weiß ändern.

Wer es schafft, sich nicht zu verirren, kann in Verlängerung des Korallenrückens in etwa 100 bis 200 Meter Entfernung einen kleinen Block entdecken, den wir als »Schatztruhe« bezeichnen. Ihre Geheimnisse lassen wir hier unenthüllt; sie tragen aber dazu bei, daß das Barracuda Giri zu unseren besonders schönen Taucherinnerungen der Malediven gehört.

9 Rainbow Reef (H.P.-Reef)

Wir befinden uns auf einem Wiederholungstauchgang am H. P.-Reef, dessen anderer Name Rainbow Reef (Regenbogen-Riff) den Gegebenheiten viel mehr gerecht wird. Es ist die Zeit des Halbmondes, was wenig Strömung bedeutet und demzufolge auch keine Großfische. Doch wie so häufig im Leben, kommt es auch diesmal anders als erwartet.

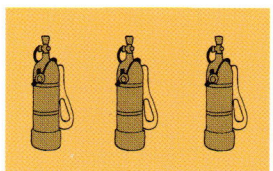

____ Unser Riff liegt zwischen der Insel Himafushi im Süden und Girifushi im Norden. Girifushi ist ein Militärübungsplatz, und nur wenige Tauchzentren haben eine Genehmigung, am H. P.-Reef zu tauchen.

____ Bei auslaufender Strömung springen wir im Westen des Thilas ins Wasser und sind enttäuscht: Die Sicht ist miserabel, das Wasser voller Plankton und das 10 Meter tiefe Riffdach erst kurz vor Ankunft zu erkennen. Wir hoffen auf Mantas, die sich von so einer trüben Suppe ernähren. Während dieser Überlegungen geschieht plötzlich etwas Unerwartetes: Im Blau neben uns zeichnen sich rautenförmige Schatten ab, die sich bald zu Silhouetten einer Gruppe Adlerrochen verdeutlichen. Wir genießen die Anmut der Tiere, werden aber schon bald aus unserer Betrachtung gerissen, als sich zwei schnittige Graue Riffhaie unserer Gruppe nähern. Die Tiere scheinen uns bereits in einigen Metern Entfernung zum Greifen nah, bis sie dann wieder im Planktondunst verschwinden.

____ Mittlerweile sind wir am Riff auf 15 Meter Tiefe, wo wir uns an der Westflanke weiter bis auf 32 Meter vorarbeiten. Dort wachsen von den Decken der Überhänge Weichkorallen – ausschließlich in strahlendem Weiß –, bei deren Anblick uns ganz feierlich zumute wird. Wenn sich zu dieser Szenerie pupurrote Juwelenzackenbarsche oder andere bunte Fische gesellen, dann läßt sich hier eine einzigartige Farbensymphonie erleben. Bei diesem Tauchgang kommt uns die fehlende Strömung

Schillernd wie ein Regenbogen sind die Farben der Fauna am Rainbow Reef.

Aus dem trüben Blau des planktonreichen Wassers erheben sich im Canyon die mit weißen Polypen geschmückten Äste von Gorgonien.

zugute; denn nur dann kann man die Schönheiten des Riffs optimal genießen.

—— Viele der interessanten Landmarken am H. P.-Reef befinden sich in Bereichen um 30 Meter, und so drängt der Computer bald zum Auftauchen. Wir bewegen uns in Richtung unseres Ausgangspunkts und kommen bei 18 Meter in einen Canyon, der durch einen abgetrennten Korallenblock entstanden ist. Wir erkunden den Einschnitt mit seinen Gorgonien, deren weiße Polypen in den Schlund der Schlucht ragen, um sich ihre Nahrung aus dem Wasser zu filtern.

—— Beim weiteren Aufstieg passieren wir die Kante des Riffdachs und erblicken eine Wiese von Weichkorallen, die in ihrer Vollkommenheit im Nordmale-Atoll kaum ihresgleichen kennt. Wir genießen den Anblick des Riffs während unseres Sicherheitsstops, bis es endgültig im Planktonnebel verschwand.

—— Das H. P.-Reef ist normalerweise bekannt für seine starke, schwierig zu bewältigende Strömung, die sehr häufig Großfische und riesige Makrelenschwärme mit sich bringt. Es ist zum Tauchen eines der schwierigsten Riffe und sollte nur von Geübten besucht werden!

10 Potato Reef

Eigentlich ist das Potato Reef (Kartoffel-Riff) gar kein Riff. Vielmehr ist es ein einzelner Korallenblock, der zwischen zwei Riffen im Sand liegt. Unsere »Kartoffel« befindet sich an der nordwestlichen

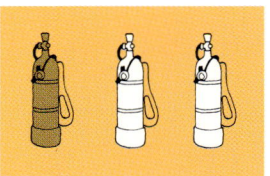

Spitze der Lagune von Girifushi, südwestlich der großen Lagune mit den Touristeninseln Tari, Hura und Kanifinolhu in einer Tiefe von 18 Meter, aus der sich der Korallenblock bis zu 11 Meter erhebt. Der Name entstand zum einen durch die Form, zum anderen durch die Farbe und Struktur der Korallen im oberen Teil.
_____ Etliche kleine Einschnitte und auch Höhlen verbergen die eigentliche Attraktion, wegen der wir hierher kommen. Stundenlang kann man vor den Öffnungen sitzen und zuschauen, wie Fische ein und aus schwimmen, sich putzen lassen oder wie Weichkorallen das Plankton des Wassers aufnehmen.
_____ Große Beachtung erfährt Hugo, ein Malabar-Zackenbarsch, der mit weitgeöffnetem Maul alle Annäherungsversuche im Keim erstickt. Auch Emma ist fast immer zu Hause. Die an Taucher gewöhnte Riesenmuräne steckt beizeiten ihren Kopf aus einem Loch der »Kartoffel«, um dem Planktontreiben zuzusehen. Ein Anfassen der Tiere ist trotz aller Vertrautheit nicht zu empfehlen.
_____ Bei allem Detailreichtum, den das Riff bietet, ist es doch immer lohnend, den Blick ins Blau und über den umgebenden Sandboden schweifen zu lassen. Des öfteren ziehen Weißspitzenhaie vorbei, und auch Mantas sind hier schon gesichtet worden.
_____ In südöstlicher und südwestlicher Richtung geht es jeweils zu Riffhängen, an denen wir zu unserem Sicherheitsstop in 5 Meter Tiefe entlangschwimmen, um nicht im Freiwasser aufsteigen zu müssen. – Ein besonders geeigneter Platz für Anfänger!
_____ **Anmerkung:** Im Nordmale-Atoll gibt es mehrere »Kartoffeln«, wobei unsere die allgemein bekannteste, wenn auch nicht die schönste ist. Vergewissern Sie sich vor Tauchbeginn, was genau Ihnen verkauft wird.

Treppenförmig wachsen die Enden einer Tischkoralle, wegen des Sonnenlichts immer bemüht, parallel zur Wasseroberfläche zu bleiben.

11 Aquarium

An der Ecke der Insel Lhohifushi, nahe des Kanals, der Lhohifushi von Kanifinolhu trennt, finden wir das Aquarium.

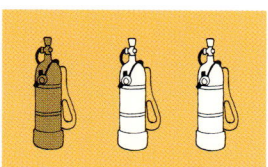

____ Bei auslaufender Strömung ist es möglich, den Tauchgang bereits im Kanal am Steg der Insel zu beginnen. Der Weg von dort ist sehr weit, aber lohnend, denn er verbindet zwei eigenständige Tauchgänge unterschiedlicher Charaktere.

____ Schon zu Beginn des Tauchgangs werden wir durch eine selten anzutreffende Farbenvielfalt der uns umgebenden Weichkorallen fasziniert. Bis in eine Tiefe von 20 Meter begleiten sie uns. Während wir uns der Ecke nähern, erhöht sich die Wahrscheinlichkeit, daß wir auf Großfische stoßen und Adlerrochen beobachten können. Wenn Sie sich nach der Ecke am Riff in ca. 18 Meter Tiefe weiter nach Norden bewegen, kommen Sie nach wenigen hundert Metern zum Ziel.

____ Aber lassen Sie uns den üblichen Weg nehmen und vom Boot aus tauchen. Normalerweise springt man nahe unserer Attraktion ins Wasser, wo man langsam über die Schräge des Außenriffs in die Tiefe hinunterschwebt, die man erreichen möchte. Nachdem wir den oberen Bereich der Steinkorallenwelt verlassen haben, geraten wir in sehr gleichförmiges, kaum belebtes Gelände, bis wir schließlich bei 30 Meter auf den sandigen Boden stoßen.

____ Je weiter man vom Aquarium entfernt ist, desto häufiger wird man sich fragen, warum man eigentlich hierher gekommen ist. Ist aber unser Unterwasserzoo erst einmal erreicht, sind alle Zweifel verflogen. Ein Korallenblock in 20 Meter Tiefe bildet das Zentrum dieser Welt. Nur 5 Meter zieht er sich am Hang empor, doch hier bedeutet Schein mehr als Sein. Eingerahmt von allem, was Fische an Farben hervorzubringen vermögen, vermittelt der Korallenblock schon von weitem einen Eindruck von Frohsinn und Harmonie, wie er selten zu finden ist: Süßlippen, die unter einer Hutkoralle synchron der Strömung trotzen, Halsbandwimpelfische, die sich als Schwarm vor den Nischen zwischen Korallen postieren,

Ein Rotfeuerfisch spreizt seine Flossen und warnt somit den sich nähernden Taucher vor seinen giftigen Stacheln.

Wie Fähnchen im Wind steht ein Schwarm Halsbandfalterfische dekorativ in der Strömung über dem Korallenblock des Aquariums.

Schnapper, die in ihren Verbänden schutzsuchend das Riff erkunden, und vieles mehr.

—— Das ist unser Aquarium. Es hat zwar nur 10 Meter Durchmesser, eröffnet aber in seiner Art Horizonte!

—— Zudem ist es ein ausgezeichneter Tauchplatz für Anfänger, denn Strömungen sind hier meist sanft, und die Umgebung eignet sich hervorragend für Tarierübungen.

—— Bei aller Harmonie kann es doch auch aufregend werden, denn wie fast überall sind Begegnungen mit Weißspitzenhaien wahrscheinlich, und auch andere Großfische lassen sich gelegentlich sehen.

12 Kolosseum

Lassen Sie Ihre Phantasie in das antike Rom wandern. Wenn Sie sich als frühe Christen und die Haie als Löwen vorstellen, dann sind in unserem Kolosseum die Christen auf der Gewinnerseite.

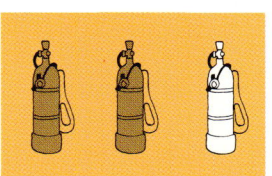

     Trotz des »kolossalen« Namens befinden Sie sich jedoch nicht in Rom, sondern an der Ecke vom östlichen Außenriff des Nordmale-Atolls zum Kanal von Thulusdhoo. Der Bereich, der uns hier interessiert, ist nur ca. 30 Meter lang und 2 Meter hoch. Die lieblichen Weichkorallen mit ihren roten Zweigen und reinweißen Polypen bleiben im Hintergrund des Geschehens. Etwas vorwitziger sind da schon die Süßlippen und Schnapper, die es sich unter Korallendächern gemütlich machen. Außerhalb der Schutz bietenden Höhlen, im Freiwasser knapp über dem Riff, finden wir die wahre Attraktion.

     Dieser Tauchgang wird höchstwahrscheinlich ein Drifttauchgang sein, und Strömung ist zu erwarten. Bei einlaufendem Wasser gehen Sie am Außenriff ins Wasser und schwimmen dann in einer Tiefe von 20 bis 25 Meter in Richtung Kanal. Vermeiden Sie flachere Tiefen, da Sie sonst Gefahr laufen, von einer Aufwärtsströmung erfaßt zu werden und in die Brandungszone zu geraten. Außerdem ist das Kolosseum von oben nur schwer zu erkennen, da es sich ja um einen lediglich 2 Meter hohen Absatz handelt, der sich im Halbkreis über ca. 30 Meter zu unserer Schauarena formiert. Wenn Sie einen guten Platz gefunden haben, dann bleiben Sie dort, solange Lust und Luft es Ihnen erlauben; denn vorher und nachher suchen Sie vergeblich nach Vergleichbarem.

     Schauen Sie den Haien zu, wie sie ihre Kreise ziehen, sich mühelos gegen die Strömung stellen und dem Treiben auf den Rängen aufmerksam folgen. Genießen Sie die Wolken von Füsilieren, wie sie sich den Gewalten entgegendrängen, und schauen Sie auf die Napoleonfische, wie sie augenverdrehend unbekümmert ihrer Wege ziehen. Alle ringen sie um Ihre Aufmerksamkeit und bemühen sich, mit ihren Darbietungen im Mittelpunkt zu stehen.

     Einige nähern sich jedoch nur zögernd, und kaum hat man sie erspäht, sind sie auch schon wieder verschwunden. Das waren Adlerrochen im Verbund. Eine wahrhaft kolossale Parade, die einen Besuch lohnend macht, aber unbedingt einlaufende Strömung verlangt.

Leuchtend weiß kontrastieren die Polypen zu dem Rot ihrer Koralle und dem tiefen Blau des Wassers im Gegenlicht.

13 Ashdoo Kandu

So wie Börsenmakler verpflichtet sind, Investoren davor zu warnen, daß »vergangene Gewinne keine Garantie für zukünftige Erträge« bieten, so müssen auch die begeisterten Besucher des Ashdoo Kandu ihre Hymnen über diesen Tauchplatz ins rechte Licht stellen. Wer aber so viel Glück hat wie wir an einem Novembermorgen, der wird sich über die Investition eines Tauchganges an diesem Ort nur freuen können.

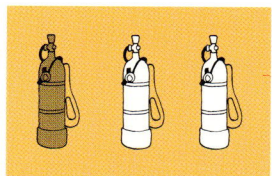

____ Beginnen Sie wie wir am Außenriff, und tauchen Sie bis auf 27 Meter, wo der korallenbewachsene Hang von sandigem Grund abgelöst wird. Mit etwas Glück werden Sie hier mit einer wirklich beeindruckenden Auswahl von im Freiwasser lebenden Fischen und auch von lokalen Riffbewohnern begrüßt.

____ Schwimmen Sie mit dem Riff zu Ihrer Rechten auf die Ecke zu, wo Sie bei 20 Meter Tiefe auf ein Plateau stoßen, über das Sie hinwegtauchen sollten, bevor Sie den Rückweg in flacheren Tiefen beginnen. Dabei geraten Sie in eine Gegend, die uns das Gefühl vermittelte,

Seltene Begegnung: Ein Leopardenhai liegt am Grund und läßt sich von uns in aller Ruhe beobachten und fotografieren.

in einem eigens für Kinder errichteten Freizeitpark zu sein, in dem aber auch Erwachsene schnell ihren Spieltrieb entdecken.

_____ Braune Korallenkolonien sprießen wie Pilze überall aus der Landschaft. Alles ist umgeben von Fischschwärmen. Doktorfische, Schnapper, Füsiliere und Makrelen stehen dabei an erster Stelle. Selbstverständlich kommen auch Schildkröten in dieses Gebiet, und auch Haie zeigen sich, zuweilen so reichlich, daß Sie sich nicht mehr fragen, ob Sie nahe genug an die Tiere herankommen, sondern welcher der Haie auf Ihrem Foto wohl am hübschesten aussehen mag.

_____ Während unser Tauchbegleiter Mohamed mit einem Leopardenhai posierte, den er zärtlich streichelte, umkreisten Weißspitzenhaie unsere Gruppe. Neugierige Schildkröten gesellten sich dazu, und ein besonders vorwitziges Exemplar genierte sich nicht, einen kräftigen Schluck Luft aus einem ihm angebotenen Atemgerät zu nehmen. In vollkommener Eintracht begleitete die Schildkröte unsere Gruppe, bis wir ihr wohl etwas zu langweilig wurden und sie sich verabschiedete.

_____ Es gibt keine Garantien, daß ein Tauchgang immer derartige Erlebnisse bereithält, aber wir wissen nun zumindest, wo wir damit rechnen können.

Doktorfische spielen gern mit den aufsteigenden Luftblasen der Taucher – immer wieder eine hübsche Beobachtung.

14 Olhahali

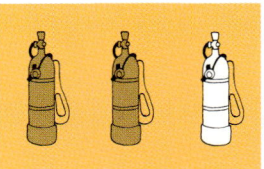

Wenn man durch die Wolken von Roten Schnappern abtaucht, dann ist das so wie bei einem Piloten, wenn er durch dichten Nebel einen Instrumentenflug machen muß. Von oben betrachtet füllen die Fischschwärme die Einschnitte des Riffs und bilden die optische Grenze zwischen Riffhang und sandigem Boden.

_____ Ein üblicher Einstieg wird Sie über den felsigen Korallenfinger hinabführen, der uns den Weg vom sandigen Atollboden hin zum fast runden Riff zeigt. Am nördlichen Ende dieses Riffs und östlich eines weiteren nach Norden ausgerichteten Korallenfingers zieht sich als besondere Eigenheit dieses Platzes eine tiefe und lange Höhle entlang.

_____ Haie, Rochen und insbesondere Zackenbarsche sind hier vor allem bei guter Strömung zahlreich vorhanden. Die prächtigen Orientsüßlippen bieten dazu einen erfreulichen Farbkontrast.

_____ Selbst bei ruhigen Strömungsverhältnissen ist allein schon die Höhlendecke mit ihrem neonblauen und weißen Weichkorallenbewuchs eine lohnende Sehens-

Ein Schwarm Zweifleckschnapper huscht vorbei, nur noch die breitgefächerten Schwanzflossen sind zu sehen.

Eine kleine, fast durchsichtige Garnele lebt ab wenigen Metern Tiefe in Symbiose mit einer Anemone, deren nesselnde Tentakel sie vor Feinden schützen.

würdigkeit. Auch die flachen Abschnitte – der Bereich des Sicherheitsstops auf ca. 5 Meter – bestehen aus interessanten Steinkorallen, die vielen Lebewesen Unterschlupf bieten.

Besonders reizvoll ist an Olhahali, daß der Platz so abgelegen und damit wirklich unberührt ist. Alles in allem: ein sehr empfehlenswerter Tauchgang, leider aber von fast allen Taucherinseln weit entfernt.

15 Kuda Faru

Dies ist einer der eindrucksvollsten Tauchplätze im Nordmale-Atoll und hält auch dem Vergleich mit den besten stand, die die Malediven zu bieten haben. Es handelt sich um einen schlanken, korallenüberkrusteten Finger, der von Ost nach West von seinem Hauptriff aus mitten in den Makunudhoo-Kanal zeigt.

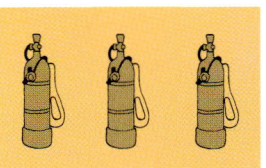

____ Im Falle von Kuda Faru sind es die Haie, die uns anziehen; die noch erhaltenen Gewohnheiten der Tiere, die einst regelmäßig gefüttert wurden und diesen Platz in ihren Lebensrhythmus mit einbezogen haben. Obwohl offiziell schon lange nicht mehr praktiziert, werden die Fütterungen doch gerade noch so häufig durchgeführt, daß sich die Gewohnheit der Raubfische nicht verliert.

____ Wir sehen hier Weißspitzen- sowie Graue Riffhaie, die regelmäßig und beizeiten zu Dutzenden beobachtet werden können. Mit der Stärke der Strömung wächst normalerweise die Anzahl der Grauen, und so ist die größte Dramatik hier auch mit größter Anstrengung und Schwierigkeit für den Taucher verbunden. Da kann es dann schon einmal vorkommen, daß die Dramatik vor uns die Schönheiten hinter uns vollkommen überschattet.

____ Das auch sonst faszinierende Riff ist durch seine Ausgesetztheit stets ein Aufenthaltsort für große Makrelen- und Füsilierschwärme, und Buckelschnapper sind in Mengen gern an den Stufen des Riffs in 20 bis 25 Meter angesiedelt.

____ Die tiefste Spitze des Fingers ist im Westen, wo wir bei 30 Meter auf einer Plattform unseren Abstieg aufhalten sollten. Ein weiteres Abtauchen führt hier erfahrungsgemäß lediglich dazu, daß sich die Haie weiter entfernen und der Tauchgang unnötig verkürzt wird.

_____ Insbesondere wenn Sie einen ruhigen Tag erwischt haben und die »echten Haie« sich andernorts aufhalten, raten wir Ihnen, sich den Abschnitt zwischen 10 und 20 Meter genauer anzusehen. Im Nordosten des Fingers befindet sich, fast wie auf einem gepflegten Sandstrand, die Liegewiese der Weißspitzenhaie, die sich offenbar von der Anstrengung der nächtlichen Nahrungssuche erholen.

_____ Die Wiese trennt den Finger vom Riff im Norden. Auf der Kuppe unseres Fingers sowie im Süden davon lenken besonders Steinkorallen die Aufmerksamkeit auf sich. Hier sieht es aus, als seien Kartoffeln verstreut worden. Einige Tischkorallen dagegen wachsen in Ansammlungen dicht an dicht und vermitteln den Eindruck eines aufgefächerten Kartenspiels.

_____ Kuda Faru ist auch unter den Namen »Finger Point« und »Saddle« bekannt, und ein Besucher des nordwestlichen Teils des Atolls darf diesen Tauchgang nicht verpassen, wenn er Haie sehen will.

Besondere Attraktion von Kuda Faru sind die zahlreichen Haie. Hier zieht ein Weißspitzenriffhai dicht am Riff entlang.
Links unten: Ein nur 15 Zentimeter langes Riffhai-Baby. Rechts oben: Ein riesiger Schwarm Buckelschnapper steht fast immer über dem Riff.

Südmale-Atoll

Tauchplatz-Profile

	Name	Charakteristik	Schwierigkeit
16	**Canyon** (Embudhu Canyon)	Drift, Canyon	②
17	**Vaadhoo Caves**	Höhlen (Überhänge)	②
18	**Ranikan**	Steilwand, Fischschwärme, Napoleonfische, Weißspitzenhaie	②
19	**Guraadhoo-Kanal/ Guraadhoo Corner**	Haie, Adlerrochen, Strömung, Thunfisch	③
20	**Lhosfushi**	Strömung, Landschaft, Vielfältigkeit (Hammerhaie)	③
21	**Coral Garden**	Mantas, Langusten	①
22	**Villivaru/Biyadoo**	Raritäten, Vielfältigkeit	①
23	**Maafushi Thila/ Maafushi Caves**	Höhle, Kleintiere, Farbe	③
24	**Kuda Giri**	Wrack, Vielfältigkeit, Farbe, Höhlen, Landschaft	②
25	**Dhigu Thila/ Gulhi Thila**	Landschaft, Überhänge, Weichkorallen	③

Der nur 4 Kilometer breite, aber über 400 Meter tiefe Vaadhoo-Kanal trennt das Südmale- vom Nordmale-Atoll und von der Flughafeninsel Hulule. Demzufolge war Südmale auch das nächste Atoll, das für den Tourismus ausgebaut und zugänglich gemacht wurde.

_____ Südmale ist wesentlich kleiner als sein nördlich gelegener Bruder. Es erstreckt sich lediglich auf einer Strecke von 20 Kilometer Breite und 35 Kilometer Länge. Mit seinen 16 Touristeninseln, denen nur drei Einheimischeninseln gegenüberstehen, bildet es einen Schwerpunkt des Tauchtourismus.

_____ Im äußersten Norden befinden sich die Luxusinseln Laguna Beach und Vaadhoo, die ihre Tauchausfahrten auch zum Nordmale-Atoll unternehmen, da sie unmittelbar am Vaadhoo-Kanal liegen. Das hat den Vorteil, daß auch die dortigen bekannteren, jedoch nicht unbedingt besseren Plätze mit auf dem Programm stehen.

_____ Besondere Popularität hat Vaadhoo durch seine Schildkröten-Aufzuchtstation erlangt. Sehr viel Gefallen haben wir außerdem an seinem »schönsten Schnorchelhausriff der Malediven« gefunden – ein Korallengarten im Flachwasser der dortigen Lagune.

— Die Insel Bolifushi kann als Verbindungsglied zwischen Nord und West gesehen werden. Sie profitiert von der Ruhe des Westens, hat aber auch Zugang zu den starken Strömungen des Vaadhoo-Kanals im Norden.

— Fihalhohi ist die einzige zur Zeit für den Tauchbetrieb relevante Insel im Westen des Atolls. Hier findet man eine größere Tauchergemeinschaft, die ihre Tauchgründe der näheren Umgebung nicht mit Nachbarn teilen muß. Dafür sind diese aber begrenzt, und Nennenswertes findet sich erst nach einstündiger Fahrt zur Ostseite.

— Der Süden und Westen des Südmale-Atolls gehört zweifellos nicht zu den Zielgebieten anspruchsvoller Taucher. Es muß jedoch gesagt werden, daß es auch hier einige Sehenswürdigkeiten gibt. Insbesondere für Anfänger und solche, die sich nicht nur in stromschnellenartiger Strömung wohl fühlen, stellen die geschützten Kanäle der Westseite sowie die flachen Hänge der riesigen Lagunen im Süden möglicherweise die idealen Plätze dar.

— Ebenfalls ideal ist der Süden für denjenigen, der die drei Inseln umfassende Anlage von Rihiveli gebucht hat und für den Tauchen nur eine von mehreren Urlaubsaktivitäten ist. Wasserskifahren, Segeln und Windsurfen sind im Preis inbegriffen, die Küche kann sich mit den besten Europas messen.

— Rihiveli hat dank schneller »Super-Dhonis« Anschluß an den Osten, wo sich das Taucherzentrum des Südmale-Atolls befindet.

— Hier ist auch der Treffpunkt der Insider, die die taucherischen Höhepunkte des Atolls besuchen wollen, die es im Wettstreit mit den heißesten Geheimtips der anderen Atolle zu Rang und Namen gebracht haben.

— Der Guraadhoo-Kanal mit seinen teilweise unüberwindbaren Strömungen ist nur eines von vielen Beispielen. Fischer erzählen von seltenen Fällen, wo die Strömung so stark ist, daß ihr Dhoni selbst mit vollem Schub nicht gegen die bis zu 7 Knoten (ca. 12 Stundenkilometer) schnellen Wassermassen ankam. Diese Strömungen sind es, die hier Begegnungen mit Grauen Riffhaien garantieren. Einen noch eindrucksvolleren Höhepunkt erleben diejenigen, die im Blau des Ozeans die Schatten der Adlerrochen erkennen, die sich hier regelmäßig zusammenfinden. Es sind schon Gruppen von über 30 Tieren gesichtet worden.

— Andere Tauchgänge der Umgebung haben ähnlich Interessantes zu bieten. So der Coral Garden, der zum Manta Point des Atolls gekürt wurde. Zeitweise sind es über zehn Tiere, die oft bereits von der Oberfläche aus beobachtet werden können. Ein Anziehungspunkt ist auch das Wrack am Kuda Giri, das zudem für Korallen- und Höhlenliebhaber lohnend ist.

— Kurzum: Wer zum Tauchen in das Südmale-Atoll kommt, sucht sich eine Insel im Osten. Zur Auswahl stehen die Inseln Dhigufinolhu in Verbindung mit Veliganduhura sowie Kandoomafushi und die Luxusinsel Cocoa (Makunufushi). Besonders empfohlen werden können die Anlagen von Biyadoo und Villivaru, die zusammengehören und sehr schöne Hausriffe zu bieten haben.

— Abschließend sollen zur Vervollständigung der Atollrunde auch noch Embudhu sowie Embudhufinolhu im Nordosten erwähnt werden. Beide Inseln haben ihre eigenen Tauchreviere, von denen einige durchaus mit denen im Osten konkurrieren können. Tagesfahrten ins Nordmale-Atoll werden ebenfalls angeboten.

Überfahrt im gleißenden Sonnenlicht: ▷
Besucher des Südmale-Atolls gelangen meist mit dem Schnellboot auf ihre Ferieninsel.

16 Canyon (Embudhu Canyon)

Der Vaadhoo-Kanal und viel Strömung, große Überhänge, gewaltige Korallenwände, extreme Tiefen und ein enormer Spalt – das sind die Ingredienzen für einen Tauchgang in den Canyon, der wie sein amerikanischer Bruder zu Lande durchaus den Namen »Grand Canyon« verdiente. Wenn Sie hier, von einer Vielzahl verschiedenartigster Fischschwärme begleitet, tauchen, werden Sie verstehen, warum dieser Platz so berühmt ist.

_____ Bekannt ist der Tauchgang auch als Embudhu Canyon, denn er befindet sich auf derselben Lagune wie Embudhufinolhu. Er ist jedoch am besten von Vaadhoo aus erreichbar, von wo er ca. 5 Kilometer östlich entfernt liegt. 400 Meter tief fällt das Riff steil in den Kanal ab, der Nord- und Südmale voneinander trennt. Da wir uns hier nahe dem offenen Meer befinden, ist mit größeren Fischen zu rechnen.

_____ Bei Oststrømung werden Sie hoffentlich westlich des Canyons ins Wasser gelassen. Halten Sie sich nicht in den flachen Bereichen auf, sondern folgen Sie der Wand bis auf 25 Meter, um dort die über 100 Meter langen Überhänge zu inspizieren, die reich verziert und von zahlreichen Arten bewohnt sind.

_____ Etwas weiter scheint unser Riff plötzlich seinen Verlauf zu ändern: erst nach Süden, dann im Halbkreis nach Norden und schließlich weiter nach Osten. Die Strömung wird erst stärker, verliert sich aber bis zum Ende dieses geschützten Raums dann völlig.

_____ In diesem Einbruch erkennen wir einen Block, der wie von Riesenhand vom Riff abgespalten zu sein scheint, aber noch wie ein Stück Baumrinde ganz unten mit dem Stamm verbunden ist. Diese Schnittstelle ist der Canyon, der dem Platz seinen Namen gab. Erkunden Sie den ganzen Block, der wie eine Miniaturlandschaft auf allen Seiten verborgene Schönheiten bietet. Bei 20 Meter liegt die tiefste Stelle der Öffnung. Hier sollten Sie, fast wie ein Wanderer auf dem Weg aus dem Canyongrund, einmal den Blick nach oben wenden. Geheimnisvoll wirken die Gorgonien im Gegenlicht, wenn Taucher als schwarze Schatten hinter ihnen vorbeischweben.

_____ Der Block wächst bis in eine Tiefe von 12 Meter, von wo aus Sie mühelos zum Riff gelangen und sich dessen weiterem Verlauf widmen können. Genießen Sie insbesondere die flachen Bereiche zwischen 5 Meter und der Oberfläche. Hier beleben Mördermuscheln, eingebettet in Stein- und Tischkorallen, die Fauna. Der Besuch von Schildkröten ist ebenfalls üblich und natürlich gern gesehen.

_____ Und wenn Sie an den Grand Canyon denken – in unserem Canyon ist der Aufstieg eindeutig angenehmer und längst nicht so schweißtreibend wie dort!

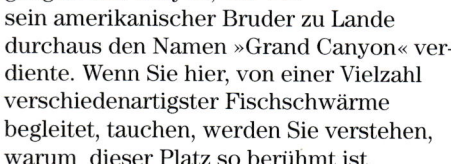

Peitschenkorallen stechen in den Schlund des Embudhu Canyon. Kleines Bild: Eine Grundel sitzt auf einer »Peitsche«. ▷

17 Vaadhoo Caves

Wenn die Insel Vaadhoo Diving Paradise die Vaadhoo Caves (Vaadhoo-Höhlen) als ihr Hausriff anpreisen würden, dann hätten wir hier wohl den Champion unter den Hausriffen. Diese Auszeichnung ist jedoch schon einem anderen Platz gewidmet. In der Tat liegen die Höhlen aber genau am Hausriff und warten mit einer Dramatik und Vielseitigkeit auf, wie sie sonst nur die großen bekannten Riffe bieten.

_____ Die Höhlen liegen an der nordöstlichen Spitze des schützenden Riffs, das die Insel Vaadhoo umgibt. Ein normaler Tauchgang beginnt an diesem Ort mit dem Abtauchen zum Beginn des Riffhangs in

5 Meter Tiefe. Dann schließt sich ein gleichmäßiges Gefälle bis auf 25 Meter an, von wo aus der Besuch der Höhlen beginnt.

_____ Fast ohne Unterbrechung folgt hier eine Höhle auf die andere, von denen viele mit hellblauen Weichkorallen besetzt sind, die die Decken wie lebender Stuck schmücken. Auch Gorgonien und Peitschenkorallen sind hier anzutreffen. Wenn Sie Glück haben, wird dieses lebende Feuerwerk aus den Farben des gesamten Spektrums durch die Anwesenheit von Makrelen noch gekrönt und die Spannung durch den Besuch von Weißspitzenhaien und gelegentlich auch Grauen Riffhaien gesteigert.

_____ Wenn Sie auf dem Weg nach Westen sind, dann steigen Sie am Ende der Höhlen langsam auf, um dort weitere zu finden: erst auf 20 Meter, dann auf 16 Meter und nochmals eine besonders zerklüftete Reihe auf 10 Meter. Die westlichsten von ihnen haben enorme Ausmaße. Ihre Aushöhlung beginnt mit der Decke auf 10 Meter und zieht sich bis zum Boden auf 20 Meter hinunter.

_____ Spätestens zu diesem Zeitpunkt werden Sie sich nach einem geeigneten Ort für Ihren Sicherheitsstop umschauen müssen, der sich hier auch gleich bietet. Tauchen Sie zur 5-Meter-Marke und dann weiter westlich. So gelangen Sie bereits zu einem anderen Tauchgang, dem Korallengarten der Insel Vaadhoo.

_____ Noch ein Hinweis bezüglich der wechselnden Schwierigkeit von Tauch-

Wie ein farbenfroher Teppich wirken die Polypen dieser Kelchkoralle unter den Überhängen, die sie bewachsen.

Mit seiner angepaßten Musterung sitzt ein Langnasenbüschelbarsch gut getarnt zwischen den Verästelungen einer Riesengorgonie.

gängen: Das Tauchen an den Vaadhoo-Höhlen kann bei ruhigem Wasser ein Kinderspiel sein, denn viele von ihnen liegen nicht sehr tief, und eine leichte Strömung trägt uns gleichmäßig am Schauplatz vorbei. Vorsicht ist jedoch bei starker Strömung geboten. Schließlich zeugt allein schon die Existenz dieser Hohlräume von der Kraft des Wassers, das sie geschaffen hat.

18 Ranikan

Ranikan bildet die südlichste Spitze des Südmale-Atolls, und genauso herausragend wie der Ort selbst ist auch der Tauchgang. Man erreicht ihn am besten von Rihiveli aus, für das Ranikan fast ein Hausriff darstellt. Andernfalls kommt man nur von Kreuzfahrtschiffen aus in den Genuß dieses Reviers, ganz selten auch einmal als Besucher von Fihalhohi, Olhuveli oder Bodufinolhu.

Wie ein Fischschwanz spaltet sich die Lagune Rihivelis in zwei lange Zacken, deren Zwischenraum mit flacherem, sandigem und deshalb weniger interessantem Grund gefüllt ist. Erst dort, wo die geschützte Zone in den offenen und gut durchspülten Kanal übergeht, finden wir mehrere Tauchgründe. Der südlichste davon ist Ranikan.

_____ Je nach Strömung sind die Einstiege unterschiedlich. Wir springen von der Innenseite des Riffs, das wir links von uns in Sicht behalten. Anfangs ist das Wasser recht trüb, und erst nach einer Weile erkennen wir das Riff, das sich als Steilhang bis auf unter 30 Meter Tiefe absenkt.

_____ Ein riesiger Schwarm Doktorfische begleitet uns beim Abtauchen. Die für die Malediven typische Vertrautheit von Mensch zu Tier scheint uns in Gesellschaft dieser Messerträger erst ein wenig bedenklich, aber dann gewöhnen wir uns schnell an die Begleiter. Wie eine Skipiste erscheint der Boden, der sich leicht ansteigend am Hang entlangzieht. Auf und über ihm schwingen sich Weißspitzenhaie über die »Abfahrt«, die wir uns langsam hinaufarbeiten.

_____ Viele Zuschauer haben sich bereits eingefunden und beobachten das Treiben von der teils überdachten Tribüne, den Höhlen im Steilhang. Unter den Gästen befinden sich eine gigantische Languste und verschiedene Kaiserfische, darunter zwei Imperatoren. Eine Riesenmuräne scheint eher gelangweilt. Rote Fahnenbarsche umschwirren die Anlage aus Steinkorallen verschiedenster Art, die durch rosarote Weichkorallen aufgelockert wird. Als sei das alles noch nicht genug, schweben ein paar gigantische Napoleonfische in die Szene. Wir zählten sechs.

_____ Bei 20 Meter Tiefe sind wir am obersten Ende unserer »Piste« angekommen. Die bis dahin eher weiche Struktur des Riffs wird nun geradlinig hart. Wir tauchen jetzt an einer Wand, die ins Bodenlose zu verschwinden scheint. Hier finden sich Höhlen und Überhänge, die die Neugier so sehr stimulieren, daß jeder gewarnt sei, nicht zu vergessen, auf seinen Computer zu achten.

_____ Ein Aufstieg bedeutet hier jedoch keinen Verlust, sondern weiteren Gewinn. Auf 6 Meter befindet sich die Riffplatte, und an ihrer Kante werden wieder alle Farben sichtbar. Ein lang ansässiger Schaukelfisch bietet einen weiteren Höhepunkt.

_____ Dramatik und sanfte Anmut sind in diesem Tauchgang so verschmolzen, daß es schwerfällt, ihn eher in das eine oder das andere Lager einzuordnen. Ein Angebot, das eine echte Bereicherung darstellt.

Ein Riffbarsch verteidigt sein Gelege durch heftige Gebärden mit seinen Flossen und dem Maul.

◁ *Fast schon beängstigend ist die große Anzahl und Nähe der Doktorfische, die einen manchmal umgeben.*

19 Guraadhoo-Kanal/ Guraadhoo Corner

Der Guraadhoo-Kanal ist wohl mit Abstand der bekannteste Tauchplatz im Südmale-Atoll. Täglich kommen Boote der auch weiter entfernten Tauchbasen, um ihre Insassen in die Gewalten des Meeres und seine Schönheiten zu entlassen. Hier haben wir das Paradebeispiel für Strömungstauchgänge, und groß und interessant ist dementsprechend das Tierleben, das sich dem erfahrenen Taucher fast immer präsentiert.

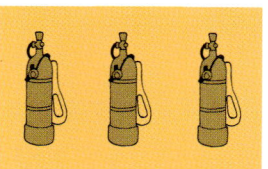

—— Der Grund für dieses Phänomen zeigt sich bei einem Blick auf die Karte. Im Süden des Kanals erkennen wir ein 13 Kilometer langes Riff, das sich erst wieder an der Südspitze des Atolls öffnet. Somit ist der Kanal bei Guraadhoo die einzige Passiermöglichkeit für die großen Wassermassen, die sich vor dieser natürlichen Barriere stauen und das Atoll bei Ebbe und Flut überwinden wollen.

—— Normalerweise wird der Tauchgang nur bei atolleinwärtslaufender Strömung am Außenriff begonnen. Wir folgen dem gleichmäßig abfallenden, typisch strukturierten Riff bis in eine Tiefe von ca. 20 Meter. Weiter im Norden, genau dort, wo die Strömung merklich zunimmt und uns nach oben zieht, streben wir weiter abwärts.

—— Wir sind hier an der Ecke, dem Paradeplatz für unser Rendezvous mit der Wildnis. Die Neigung des Riffs verringert sich. Bereits bei 21 Meter haben wir die erste Terrasse erreicht, den Beginn mehrerer stufenartiger Abbrüche bis weit

Anmutig schweben Adlerrochen durch die Weite des Indischen Ozeans.
Kleines Bild: Ein Juwelenzackenbarsch.

unter unserer Maximaltiefe. Unsere Arbeit ist getan, sobald wir uns für eine Terrasse entschieden haben.

_____ Jetzt heißt es nur noch warten und sich am Riff festhaltend wie ein Fähnchen im Winde wehen zu lassen. Schon kurz darauf können wir den Weißspitzenhaien zusehen, wie sie mühelos und scheinbar ohne Bewegung an uns vorbeiziehen. Wer Glück hat – und viele haben es –, bekommt auch Graue Riffhaie geboten.

_____ Nur den sehr Sicheren sei ein Ausflug ins Blau angeraten. Dort sind häufig Adlerrochen versammelt. Die teilweise über 30 Tiere zählenden Gruppen stellen mit ihren graziösen Bewegungen in ihren Formationen für viele den Höhepunkt der Tauchparade dar.

_____ Strömungen sind an der Guraadhoo-Ecke zeitweise sehr tückisch, und jeder sollte bei Verlassen der Stufen zumindest noch 80 Bar in der Flasche haben, um bei einer Mindesttiefe von 20 Meter in den Kanal tauchen zu können. Weiter oberhalb tragen einen die Wassermassen leicht vom Riff weg, was ein Ende des Tauchgangs bedeuten würde.

_____ Wer es aber geschafft hat, der darf jetzt weiter genießen. Sobald man die ersten Überhänge erreicht, kann man mit dem Aufstieg beginnen. Langsam höher steigend fliegt man sicher am Riff entlang

Ein Taucher spielt nach langem Bemühen um Vertrauen mit einer Karettschildkröte. Freiwillig nähern sich Schildkröten nur, wenn man sich passiv und sehr ruhig verhält. Niemals sollte man sich am Panzer festhalten.

und erfreut sich an dessen Farbenreichtum auf der einen Seite sowie an den Fischen wie Makrelen, Barrakudas und Thunfischen auf der anderen. Ein echter Paradetauchgang eben! Daß er sich nur dem erfahrenen Fortgeschrittenen zeigen kann, ist klar, aber neugierigen Anfängern sei der Mut nicht genommen.

    Wie jeder andere Ort auch, so unterliegt der Guraadhoo-Kanal den Gesetzmäßigkeiten der Natur, und Ebbe und Flut wechseln auch hier im Rhythmus von ca. 6 Stunden mit Strömungsstillstand zwischen auf- und ablaufendem Wasser. Sicherlich ist dann die große Sensation nicht gegeben, aber die formenschönen Wände des Kanals mit seinen Überhängen und Steilabfällen sowie der Bewuchs mit Weichkorallen lassen zumindest erahnen, was diejenigen erleben, denen der Tauchguide ausreichende Fähigkeit bestätigt hat.

20 Lhosfushi

Spricht man von Lhosfushi, so meint man eigentlich vier verschiedene Tauchplätze: den Kanal, das Außenriff, die Höhlen und die Ecke (Corner). Jedes Riff des Atoll-Außenrings, das an einem Kanal liegt, weist zumindest drei dieser Varianten auf; doch in diesem Fall sind die Unterschiede so markant, daß es sich hier wirklich um ganz verschiedene Tauchgänge handelt.

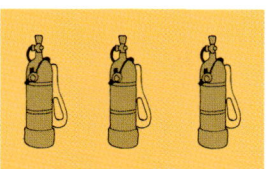

_____ Außenriff: Es ist ein typisches Ostatoll-Außenriff bis in unsere gewöhnliche Maximaltauchtiefe von 30 Meter. Von der Brandungskehre steigt es seicht bis ca. 6 Meter ab, wo der Neigungswinkel bis auf 60 Grad abfällt. Der obere Teil zwischen 3 und 10 Meter ist am interessantesten. Die Korallenwelt ist von geschäftigem Leben erfüllt, und die Chance, Schildkröten anzutreffen, ist in den flacheren Zonen am größten.

_____ Ecke: »Kinobesucher« kommen hier auf ihre Kosten. Die Platzsuche ist etwas mühsamer als daheim, der Film dafür aber garantiert spannend und immer ganz neu. Wie durch einen Trichter ergießt sich hier das Blau aus dem Indischen Ozean in das Atoll. Ist der aufkommende Sog bei kommender Flut groß genug, so werden die sonst im Kanal liegenden Haie aktiv. Sie belagern die Trichterwände und die äußeren Ränder, ziehen immer wieder ihre Kreise und stehen dann mühelos in der Strömung – offenbar ihre bevorzugte Position. Es gibt Taucher – auch ich gehöre dazu -, die suchen sich einfach ihren »Kinosessel«, vorzugsweise hinter einem Block, der Schutz gegen die Strömung bietet, und geben sich diesem einmaligen Bild in Cinemascope hin.

_____ Kanal: Die Besonderheiten dieses Riffeinschnitts sind seine Enge sowie der Anstieg auf bis zu 11 Meter. Gleich der Scharte eines Bergrückens verbindet der Kanal das Riff von Lhosfushi und Medu Faru. Er wird bei einströmendem Wasser, meist also bei kommender Flut, betaucht. Fast immer liegen dann die Weißspitzenhaie auf dem sandigen Grund

Ein Schlangenstern windet sich um einen roten Schwamm.

verstreut und rasten. Seicht steigt das sandige Delta von 25 Meter an und verjüngt sich bis zu der nur ca. 3 Meter breiten Scharte. Im Schutz der Korallengruppen versammeln sich gern Fische unterschiedlichster Arten, und nach den vorbeikommenden Schnapperschwärmen kann man schon fast die Uhr stellen.

_____ Höhlen: Dies ist ein Tauchgang, der nur von erfahrenen Tauchern mit geringem Luftverbrauch durchgeführt werden sollte. Es sind eigentlich nur Überhänge in mehr als 30 Meter Tiefe, doch das hört sich einfacher an, als es in Wirklichkeit ist. Schön ist hier die oft klare Sicht, wenn das planktonreiche Wasser in den flacheren Bereichen schwimmt. Nach der Korallenfülle an der Oberfläche ist dies die erste Zone, die uns wieder eine interessante Fauna beschert: Gorgonien aller Art, Schwämme und andere Wirbellose bieten sich dem Betrachter. Für Geduldige lohnt sich die Suche nach Geistermuränen, die hier regelmäßig gesichtet werden.

_____ Alles klar? Dann kommen Sie doch mal mit auf einen unserer Tauchgänge. Bei herrlichem Sonnenschein und glatter See springen wir aus 28 Grad warmer Luft in gleichwarmes Wasser. Wir sind am Außenriff etwa 100 Meter nördlich des Kanals. Bei mittlerer Strömung schweben

Ein Weißspitzenriffhai liegt auf dem sandigen Grund des Lhosfushi-Kanals. Bei atolleinwärtslaufender Strömung sind es meist mehrere Exemplare, die den weichen Untergrund als Rastplatz auswählen.

Vier Haarsterne haben sich auf die Enden von Fächerkorallen gesetzt, um dort von der ausgesetzten Lage zu profitieren. Hier ist die Strömung und damit das Nahrungsangebot am besten.

wir über das extrem formenreiche Riff, wo uns Tausende von blitzenden Gelbrückenfüsilieren begrüßen. Wir bleiben auf ca. 12 Meter, bis uns eine leichte Aufwärtsströmung die Nähe des Kanals andeutet. Die ersten Haie zeigen sich, sind aber scheu.

_____ Einige Minuten später trennen wir uns von ihnen und tauchen etwas tiefer, wo wir bereits das sandige Delta unseres Kanals sehen. Noch bevor uns der Sog in den Trichter zieht, weichen wir weiter nach unten aus. Zuerst sehen wir nur kleine Absätze, aber mit zunehmender Tiefe haben wir bald richtige Überhänge vor uns. Bei 33 Meter deutet unser Guide auf etwas Blaues, Schlangenähnliches mit gelbem Kopf – die gesuchte junge Geistermuräne.

_____ Dann geht es wieder etwas zurück, und schon bald, ab ca. 18 Meter, gibt es kein Halten mehr. Der »Kanalexpreß« ist angekommen und transportiert uns schnell auf 11 Meter, wo wir die Scharte überqueren. Bei unserem Tauchgang hatten wir gerade noch Zeit, auf die Fischschwärme und weitere Haie zu schauen. Den Versuch, mich an dem einzigen festen Block des höchsten Punkts festzuhalten, mußte ich schleunigst aufgeben, denn die Strömung drohte meine Maske vom Gesicht zu fegen.

_____ Nach der Überschreitung wird es etwas ruhiger. Wir haben nun schon viel Luft verbraucht und folgen nicht der Sandfläche nach unten, sondern bleiben am Riff von Medu Faru und machen einen ausgedehnten Sicherheitsstop auf 5 Meter. Ein Manta steht scheinbar bewegungslos über den Korallen und frißt sich dort satt.

_____ So also stellen sich die Lhosfushi-Tauchgänge »im Viererpack« dar. Auf den Geschmack gekommen? Auch bei gehobenen Ansprüchen ist dieser Platz ein echter Genuß!

21 Coral Garden

Coral Garden (Korallengarten) ist bestimmt von keinem Taucher als Höhepunkt seiner Reise eingeplant, er kann aber leicht zu einem werden. Der auch als Manta Point dieser Gegend bekannte Tauchplatz ist ein vielseitiger Korallengarten. Und wie so oft bei verzauberten Gärten, kann sich der Unachtsame auch hier leicht in der Herrlichkeit des Ortes verirren.

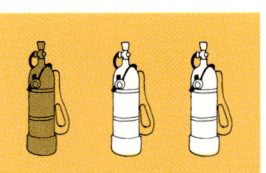

_____ Wir befinden uns in westlicher Verlängerung eines Riffs, das den Namen Medu Faru trägt. Hier vereinen sich die Wassermassen vom Lhosfushi- und Guraadhoo-Kanal und umspülen mehrere Riffplatten, die durch ein bis zu 20 Meter tiefes Kanalsystem voneinander getrennt sind. Der Hauptstrang dieses Systems ist ein weites Tal, das sich dem Lhosfushi-Kanal anschließt. Hier stehen so große Korallenblöcke, daß sie von einigen irrtümlich als das Riff selbst angesehen werden. Dann ist eine Irrfahrt durch unseren Garten unvermeidlich.

_____ Dieser Tauchplatz hat keine extremen Strömungen, und in der Tiefe kann man sich auch nicht verlieren. Sie können also unbesorgt auf Mantapirsch gehen. Topographisch bedingt haben wir an diesem Tauchplatz entweder nur geringe oder aber westliche Strömung, so daß man hier meist atollauswärts taucht. Ist das Wasser sehr planktonhaltig, so können Sie mit etwas Glück die Schwingenspitzen der bis zu 6 Meter großen Unterwassersegler bereits an der Oberfläche planschen sehen; wenn nicht, dann viel Glück unter Wasser.

_____ Man wird Sie in der Regel an der »Düse« ins Wasser lassen, einem Sattel im Kanalsystem, über dem sich das Plankton konzentriert und so die Mantas anlockt. Ist die Strömung zu gering oder haben die Tiere gerade keinen Appetit, schwimmen Sie in östlicher Richtung mit dem Riff zu Ihrer Rechten etwa 20 Minuten an Blöcken mit vielen interessanten und abwechslungsreichen Kleinlebewesen vorbei. Gehen Sie nicht tiefer als 15 Meter, um den Weg nicht zu verlieren. Ein Blick auf den Kompaß ist hier besonders hilfreich.

_____ Nachdem Sie eine 12 Meter tiefe Anhöhung passiert haben, geraten Sie nur kurze Zeit später zu der sogenannten »Langustenkartoffel«, die es im wahrsten Sinne des Wortes in sich hat. Der hauptsächlich aus mattbraunen Korallen bestehende Block beherbergt etliche Langusten und Korallenfische. Sie sollten sich nicht über dem Block aufhalten, um nicht die Putzerschneise für unsere ersehnten Giganten zu blockieren. Genau hier kommen nämlich diensteifrig Hunderte von Putzerfischen aus ihren Löchern, wenn ein Manta herbeischwebt, um sich wieder einmal die lästigen Parasiten gründlich vom Leib fressen zu lassen.

_____ Ein Taucher, der das Glück eines solchen Schauspiels erfährt, wird wohl seinen Tauchgang hier beenden. Wer jedoch in gleicher Richtung weitertaucht, kann noch andere Schönheiten entdecken – etwa

Regelmäßig können Taucher an der »Langustenkartoffel« des Coral Garden zuschauen, wie sich Mantas putzen lassen.

die verschiedenen Anemonen mit ihren Clownfischen.
—— Was den Irrgarten angeht: Achten Sie auf eine Öffnung im Riff in südlicher Richtung. Sie befindet sich gleich hinter besagter »Langustenkartoffel« und führt Sie garantiert in die Irre. Also Richtung Osten und dann immer geradeaus!

22  Villivaru/Biyadoo

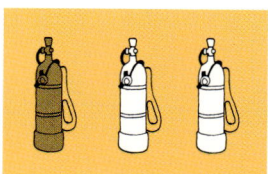

Villivaru und Biyadoo sind zwei Touristenresorts, die zusammen mit den Inseln Cocoa, Kandoomafushi, Dhigufinolhu und Veliganduhura eines der zwei großen Taucherparadiese des Südmale-Atolls darstellen. Die beiden Inseln liegen direkt am Guraadhoo-Kanal, dem bekanntermaßen strömungsreichsten des Atolls, vielleicht sogar der Malediven. Eine Besonderheit dieses Kanals ist, daß er zwischen Biyadoo und Villivaru hindurch bis auf die Westseite des Atolls führt und deshalb hier auch häufig Großfische im Innenatoll gesichtet werden.

_____ Die Tauchbasen von Biyadoo und Villivaru werden beide von Nautico betrieben, und eine kostenlose Fähre mit festem Fahrplan ermöglicht es, nicht nur das eigene Hausriff, sondern auch das der Nachbarinsel problemlos zu betauchen. Beide Riffe sind trotz eines schweren Sturms 1993 und dem Dornenkronenbefall einiger anderer Riffe größtenteils intakt. Die besonderen Attraktionen dieser Riffe ziehen Taucher aus der gesamten Umgebung an.

_____ **Villivaru** Die 250 x 300 Meter große Insel ist ringsum von Sandstrand umgeben und bietet bei Flut überall gute Einstiegsmöglichkeiten; für Niedrigwasser sind Markierungen angebracht. Nur die sehr weite und flache Lagune im Westen macht den Einstieg zu einer Art Wasserwanderung, sonst sind mit Entfernungen von 30 bis 50 Meter zum Riff optimale Bedingungen gegeben.

_____ Während wir im Süden eine Wand vorfinden, die bis auf 35 Meter abfällt, haben wir es von Osten über Norden bis Nordwesten am Riff mit einem Schräghang von unterschiedlicher Steilheit zu tun. Die Strömung teilt sich an der dem Atoll-Außenriff zugewandten Seite im Osten der Insel, und jeder ist gut beraten, vor Tauchbeginn die Tiden-Informationen bei der Tauchbasis einzuholen.

_____ Der interessanteste Teil des Riffs liegt direkt vor der Tauchschule, also neben dem Bootsanleger im Nordwesten der Insel. Häufig verpaßt derjenige, der sofort in die Tiefe absaust, die besten Dinge. Wir empfehlen nicht mehr als 10 Meter Tauchtiefe und hatten selbst herrliche Tauchgänge, die die 6-Meter-Linie nicht überschritten. Hier versammeln sich an der Nordspitze Wimpelfische in einem Schwarm, der bis zu einigen tausend Exemplaren zählen kann. Man kann sich an ihrem synchronen Wasserballett erfreuen und sich dann auf die Riffbesonderheiten einlassen.

_____ In 8 Meter Tiefe finden wir einen schön bewachsenen Überhang, der einer Riesenmuräne als Zweitwohnung dient. Nacktschnecken und Plattwürmer leben im Gewirr der Geweihkorallenhalden, und mit geübtem Auge lassen sich fast immer Schaukelfische entdecken.

_____ Zum »Sterngucker« wird man in den klaren Nächten auf den Malediven fast von selbst. Aber beim Tauchen? Auf Villivaru

Mit seinem leuchtendweißen Kleid hat dieser Anglerfisch vor der Insel Biyadoo zur Zeit einige Tarnungsprobleme.

ist das mit einem Nachttauchgang möglich. In der Lagune im Westen halten sich Sternengucker, besser bekannt unter der englischen Bezeichnung Stargazer, auf. Es kommt selten vor, daß man diesen Tieren begegnet, denn sie buddeln sich im Sand ein und sind dort durch ihre helle Körperfarbe fast perfekt getarnt. Vorsicht: Die friedlichen Fische haben Rückenflossen mit äußerst giftigen Stacheln!

_____ **Biyadoo** Alles, was Sie hier brauchen, sind Ihre Ausrüstung und einen Tauchpartner. Flaschen fürs Tauchen am Hausriff stehen von 6 bis 21 Uhr zur Benutzung bereit. Informationen über Einstiege und die Unterwasserwelt vermittelt Ihnen eine Karte an der Basis.

_____ Die Insel Biyadoo ist rundum betauchbar. Da die Lagune einen Korallenring besitzt, der meist nicht überschwommen werden kann, wurden sechs ausgeschilderte Passagen um die Insel herum angelegt. Leider sind die gleichmäßig abfallenden Schrägen des Riffs im Süden und Westen von starker Strömung sowie anderen Umwelteinflüssen heimgesucht und weniger interessant als der Rest.

_____ Zwei Abschnitte gefielen uns besonders gut. Gleich an der Tauchschule im Nordosten der Insel liegt die Passage sechs mit dem Einstieg am Bootsanleger. Hier gibt es kein gewöhnliches Riffdach. Die sandige Lagune bricht in ca. 30 Meter Entfernung vom Strand steil ab. In Nischen und Höhlen entfaltet sich ein breites Angebot unterschiedlichster Korallenarten, und die ganze Palette tropischer Fische scheint vertreten, bis hin zu seltenen Schaukelfischen.

_____ Jede Tiefe hat hier etwas Interessantes zu bieten. Verläßt man die Zone der Stein- und Tischkorallen, so sorgt in westlicher Richtung in nur 10 Meter eine Grotte für Abwechslung. Wer Lust hat, kann hier nach dem lange Zeit ansässigen Anglerfisch Ausschau halten, der, in geradezu waschmittelwerbereifes Weiß gekleidet, einige Tarnungsprobleme hat. In dieser Tiefe kann man sich auch mit einem meist anwesenden Makrelenschwarm amüsieren, der immer wieder Ziel von Unterwasserfotografen ist.

_____ Abseits der Riffwand sollten wir unbedingt die Strömung im Auge behalten, die insbesondere für Malediven-Neulinge zu stark sein kann. Wer geübt ist, möchte vielleicht etwas tiefer abtauchen, denn dort lassen sich öfter Weißspitzenhaie sehen.

_____ Herausragend ist ein anderer Abschnitt des Riffs. Zwischen den Passagen 1 und 2 im Südosten der Insel findet man zwei ortsansässige, sehr zahme und hübsche Netzmuränen. Suchen Sie zwischen 10 und 15 Meter Tiefe auf der vielseitig bewachsenen Schräge. Sie finden hier einen Farbenreichtum, wie er für Hausriffe einzigartig ist. Achten Sie wieder auf die Strömung, die sich hier teilt, und schauen Sie zwischendurch nach oben. Öfter schon sind im Süden, also im Kanal von Villivaru, Walhaie und Mantas gesichtet worden.

Selten sieht man so große Wimpelfisch-Schwärme wie diesen vor der Insel Villivaru.
Links oben: Eine Netzmuräne läßt sich vertrauensvoll fotografieren.
Rechts unten: Eigentlich extrem selten, aber vor Villivaru Alltag: ein Himmelsgucker (Stargazer) im Sand.

23 Maafushi Thila
Maafushi Caves

Die Ausdehnung eines Tauchplatzes in Kubikmetern anzugeben erscheint ungewöhnlich, ist aber in diesem Fall gerechtfertigt. Die cirka 2250 m³ puren Tauchvergnügens im Nacktschneckengarten des Thilas werden einem Besucher in unvergeßlicher Erinnerung bleiben.

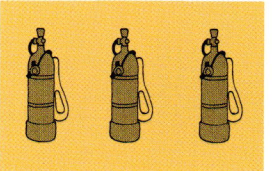

_____ Zwischen Dhigufinolhu und Maafushi, in ca. 3 Kilometer Entferung vom Außenriff, liegt inmitten des 1 Kilometer breiten Maafushi-Kanals ein Riffplateau in einer Tiefe von teilweise nur 5 Meter. Das strömungsbedingt reich überwachsene Thila ist nicht nur allgemein sehr lohnend, es weist auch eine Besonderheit auf, die einen leicht für den gesamten Tauchgang in ihren Bann schlagen kann. Dort, wo sich die Riffplatte auf etwa 8 Meter Tiefe senkt, findet man an der Nordkante des Plateaus ein 5 Meter großes Loch. Es ist das Tor zu einer Märchenwelt, die sich wie nach dem Schwingen eines Zauberstabs in die Tiefe eröffnet. Unter einer großen Kuppel liegt unser Reich, das sich bei 25 Meter zum Kanal hin öffnet. Tiefer unten erkennt man die großen Blöcke, die einst aus der Riffwand herausbrachen und dieses Naturwunder schufen.

_____ Bei unserem Tauchgang waren wir drei Fotografen, und obwohl wir alle ständigen Sichtkontakt hatten, kam es uns später bei unseren Beschreibungen im Boot so vor, als hätten wir völlig verschiedene Orte besucht. Jeder hatte offensichtlich einen anderen Zauber versucht, auf Film zu bannen.

_____ Da war Harald, der von seinen neun verschiedenen Nacktschnecken berichtete, die sich später zum Teil als Plattwürmer entpuppten. Ich dagegen war mehr auf die intensive Höhlenatmosphäre aus und fand ständig neue Motive in graziös geschwungenen Überhängen und Riesenfächerkorallen, die sich farbenprächtig von dem blauen Loch über uns absetzten. Unser Tauchführer Mike war dabei ein

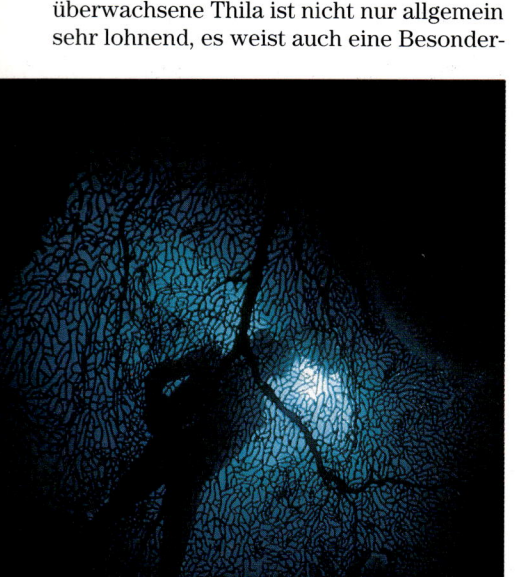

Zwischen einem Riesenfächer und der Öffnung zur Märchenwelt unterstreicht die Silhouette eines Tauchers die geheimnisvolle Atmosphäre.

Die Dreifarbige Warzenschnecke ist die am meisten verbreitete und bekannteste der maledivischen Schnecken, aber nur eine von vielen der kleinen und wundervollen Lebewesen, die man mit etwas Geduld in großer Anzahl auf den Korallen der Höhle des Maafushi Thila findet.

sehr hilfreiches und nur zu bald erschöpftes Fotomodell. Kaum blicken ließ sich George, der nach dem Tauchgang soviel Luft übrig hatte, daß wir erst dachten, er hätte zwischendurch vor Begeisterung zu atmen vergessen; es lag jedoch nur an seiner Tauchtiefe von durchschnittlich 8 Meter. George hatte es sich zwischen den reizenden Riesenmuränen am oberen Eingang bequem gemacht und beobachtete das Treiben in der starken Strömung. Über den Wolken von roten Fahnenbarschen war die Freiheit wohl so grenzenlos, daß er gar nicht mehr in die Geheimnisse der tieferen Sphären eindringen wollte.

_____ Vor Exkursionen ins offene Wasser sei jedoch gewarnt. Der Platz ist bekannt für unberechenbare Strömungen verschiedenster Stärken und Richtungen während ein und desselben Tauchgangs. Wer dagegen durch das Rissloch in die Märchenwelt von Maafushi Thila eintritt, wird noch lange von seinen Eindrücken und Erlebnissen erzählen.

24  Kuda Giri

Auch wenn Sie kein Wrack-Fanatiker sind, kann dieser Tauchgang für Sie eine tolle Sache sein. Kuda Giri wird als einer der wenigen Wrack-Tauchgänge in den Malediven gepriesen; doch das alte Schiff ist nur einer von vielen Höhepunkten, die diesen Ort zu einem der schönsten in der Inselrepublik machen.

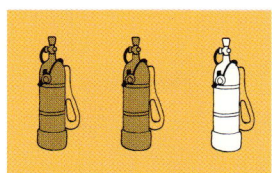

_____ Bei Ankunft ist nur ein runder Fleck im Wasser sichtbar, der mit seinem Durchmesser von 70 Meter klar die Ausmaße des Giris erkennen läßt.

_____ Der Tauchgang beginnt im Südwesten. Vorbei an all den Herrlichkeiten, die man sich aus tauchtechnischen Gründen erst beim Aufstieg ansehen sollte, gleitet man in die Tiefe. Hier befindet sich die Villa Dhigu, die 1991, nachdem sie ihren Dienst als Versorgungsfrachter erfüllt hatte, für Taucher versenkt wurde. In 37 Meter Tiefe liegt das ca. 70 Meter lange Schiff, nun wie zu tief geparkt und nahezu aufrecht stehend auf dem sandigen Grund und wartet darauf, weiter überwachsen und vom Salzwasser zerfressen zu werden.

_____ Fledermausfische umkreisen das Wrack. Darunter löst sich eine runde Scheibe aus dem sandigen Boden – ein Stachelrochen sucht sich einen neuen Ruheplatz. Im Blau zwischen den Aufbauten steht wenig beeindruckt ein Barrakuda. Das Skelett des Schiffes zeigt sich im Gegenlicht als größter optischer Reiz.

_____ Es sind zwar noch keine 20 Minuten vergangen, doch der Tauchcomputer wird nun drängen aufzusteigen. Man verläßt den höchsten Punkt des Bootes bei 19 Meter und begibt sich hinüber zum Riff.

_____ Eine geringe Strömung erlaubt die Umrundung des Giris ohne Kraftanstrengung. Schwimmen Sie gegen den Uhrzeigersinn, und schauen Sie den Soldatenfischschwärmen in den Löchern der bis zu 6 Meter tiefen Überhänge zu. Hier sind die Decken mit farbenprächtigen Netzkorallen bewachsen. Rote Knoten sind die Verbindung zu weißem Geflecht, braune Knoten zu ockerfarbenem. Die Wand darüber fällt steil ab.

Das Wrack am Kuda Giri ist nur einer der Höhepunkte des ansonsten mit Farben und Formen gespickten Tauchganges.

Das Königsblau einer Mördermuschel strahlt aus dem Braun der Steinkoralle, in der die Muschel lebt. Mördermuscheln findet man fast bei jedem Tauchgang in den Malediven, aber nur wenige weisen so schöne Muster und so klare Farben auf.

_____ Wir tauchen von Süden nach Osten in ca. 16 Meter Tiefe nochmals zu einer Höhle. Sie ist kleiner und dunkler und hat einen zweiten Ausgang, der aber sehr eng ist. Der Boden um das Giri steigt im Osten leicht an, und das Wachstum der Korallenwände scheint hier durch den Sand etwas gehemmt. Um so mehr genießt man den Reichtum an Leben auf dem Weg nach Norden und auf der lichtdurchfluteten Riffplatte, die knapp bis an die Oberfläche heranwächst.

_____ Wer genug Luft hat, macht noch einen Abstecher in den 8 Meter tief gelegenen Tunnel im Nordwesten. Eine direkt ins Riff führende runde und zunächst schwarze Öffnung windet sich 10 Meter weit durch das Giri. Dann wird der Blick auf einen von Glasbarschen in Silber getauchten Ausgang frei.

_____ Durch das dahinter liegende Blau schlüpft man in Richtung Riffplatte. Hier werden die tiefer wachsenden Weichkorallen durch eine lebendige, vielseitige und noch sehr unberührte Ansammlung von Steinkorallen ersetzt. Fahnenbarsche durchspülen die Zwischenräume und bringen Bewegung ins Spiel. Die stahlblaue Farbe und die tolle Zeichnung einer Mördermuschel zieht alle Aufmerksamkeit auf sich, bevor man sich seinem Buddy widmet und gemeinsam aus dieser einzigartigen Welt des Giris wieder an die Oberfläche kommt.

25 Dhigu Thila / Gulhi Thila

Aus eins mach zwei – das könnte die Devise für die beiden Tauchplätze von Dhigu Thila und Gulhi Thila sein. Ein Thila ist, wie Sie als Malediven-Taucher wissen, ein Riff, dessen Oberfläche so weit unter der Meeresoberfläche liegt, daß es kein Hindernis für die Schiffahrt darstellt. Da ein Thila keinen Landanschluß hat, ist es von überall her antauchbar; aber nicht jedes Riff hat so ausgeprägte Seiten, wie sie Dhigu und Gulhi darstellen.

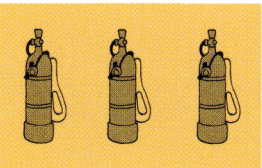

—— Unser ca. 250 Meter langes Thila hat eine klare, längliche Form, deren Spitzen von Ost nach West ausgerichtet sind. Die Nordseite zeigt zur Insel Gulhi und ist das Gulhi Thila, die Südseite wendet sich der Touristeninsel Dhigufinolhu zu und wird mit Dhigu Thila abgekürzt.

Fischballett am Dhigu Thila: Die Bewegung dieser drei roten Husarenfische ist so koordiniert, daß es den Anschein hat, als tanzten sie in einer beabsichtigten Formation.

Tauchtechnisch gesehen ist es empfehlenswert, das Thila von Westen aus anzutauchen, da hier die tieferen Überhänge sind. Dies ist aber nur bei atollauslaufender oder keiner Strömung möglich, was aufgrund des hohen Plankton- und Sandgehalts des Wassers allerdings schlechtere Sicht bedeutet.

Die Qual der Wahl besteht auch bei der Entscheidung, welche Seite Sie besuchen wollen; beide haben ein ähnliches Angebot. Uns hat die Südseite besser gefallen. Entscheidend bei farbenprächtigen Weichkorallen-Tauchgängen, wie sie die Thilas bieten, ist die Lichteinwirkung. Demnach ist nachmittags vom Tauchen im Norden abzuraten. Wir haben es ausprobiert – es stimmt.

Beide Tauchgänge beginnen auf gleicher Tiefe bei ca. 25 Meter. Hier bewegen wir uns unter Überhängen, die sich wie Leisten am Riff entlangziehen. Während sie im Norden gleichmäßig aufsteigen und zwischendurch in die schräg abfallende Wand übergehen, bleibt ihre Tiefe im Süden fast gleich. Hier löst sich die starre Form des Überhangs mehr und mehr auf und wird zu einem wildzerklüfteten Gelände voller farbenfroher Überraschungen.

Das Dhigu Thila ist zweifellos der unberührtere der beiden Tauchgänge. Wie sehr fein geklöppelte Spitze erheben sich Fächer- und Peitschenkorallen aus dunkelschimmernden Höhlen und stehen mit ihrer klaren Struktur im Kontrast zu der Weichheit des blühenden Riffs. Gelbschwarze Süßlippen sieht man in Schwärmen unter Felsvorsprüngen, Soldatenfische bewachen die Nischen dahinter.

Wir durchtauchen unseren »Abenteuerspielplatz« und gelangen bei ca. 15 Meter zur Riffplatte, deren Neigung wir bis an ihre flachsten Stellen von 9 Meter folgen. Unseren Sicherheitsstop machen wir im ungeschützten Blau.

Ein beigefarbenes Weichkorallenbäumchen und eine Peitschenkoralle unter einem Überhang.

Zurück zur Nordkante: Folgen wir den Überhängen und den Schrägpassagen aufwärts, gelangen wir automatisch zum Höhepunkt der Szene. Ein Korallenblock hat sich in 10 Meter Tiefe vom Hauptblock abgespalten und einen Canyon gebildet, der voller Leben steckt. Schon wenige Momente der Unaufmerksamkeit reichen aus, diesen verborgenen, nur 20 Meter langen Ort zu verpassen. Fast immer steht hier ein Schwarm Halsbandfalterfische. Etliche Fahnenbarsche lassen den Canyon in Wildwestfilmrot erscheinen, und einzelne Großfische, die hier des öfteren jagen, sorgen mit ihren Auftritten für die Prise Dramatik, die diese Stelle auszeichnet.

Wissen Sie nun, ob Sie Dhigu oder Gulhi Thila tauchen wollen? Im Zweifelsfall entscheiden Sie sich doch einfach für beide.

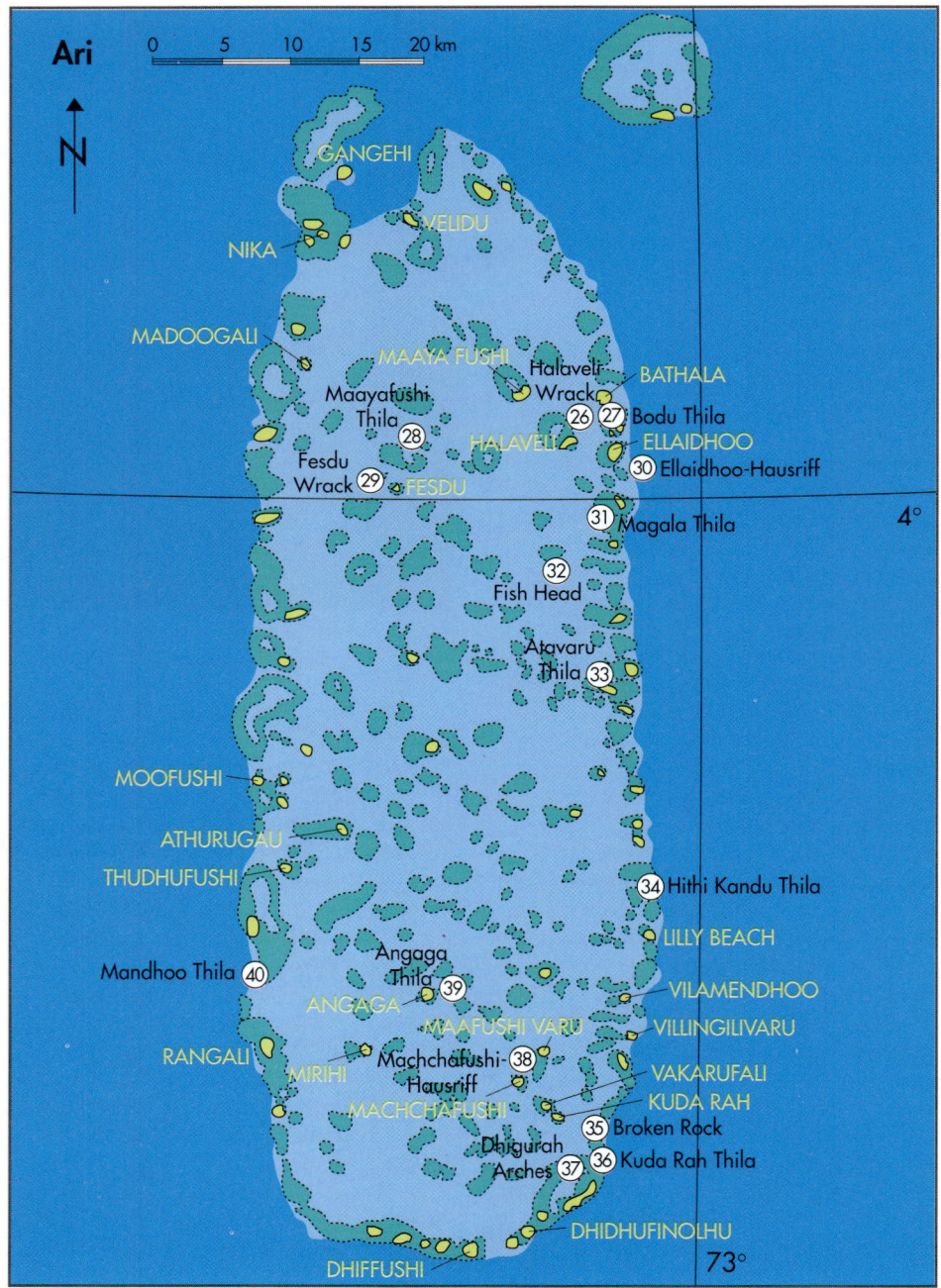

Ari-Atoll

Tauchplatz-Profile

	Name	Charakteristik	Schwierigkeit
26	**Halaveli Wrack**	Wrack, Stachelrochen	②
27	**Bodu Thila**	Putzerstation, Anemonen	②
28	**Maayafushi Thila**	Haie	③
29	**Fesdu Wrack**	Wrack, Farbe	②
30	**Ellaidhoo-Hausriff**	vielfältiges Hausriff, Steilwand, Wrack, Gorgonien	①/②
31	**Magala Thila**	Farbe, Schwärme, Vielfältigkeit	②
32	**Fish Head**	Haie, Klassiker	③
33	**Atavaru Thila**	Weichkorallen, Landschaft	③
34	**Hithi Kandu Thila**	Unberührtheit	②
35	**Broken Rock**	Landschaft	③
36	**Kuda Rah Thila**	Farbe, Fischschwärme, Weichkorallen, Vielfältigkeit	②
37	**Dhigurah Arches**	Bögen, Höhlen, Drift	①
38	**Machchafushi-Hausriff**	Anfängertauglichkeit, Geweihkorallen, Vielfältigkeit	①
39	**Angaga Thila**	Fischschwärme, Haie	③
40	**Mandhoo Thila**	Großfische, Drift, Landschaft	③

Das Ari-Atoll ist mit Abstand das größte Touristenatoll der Malediven. Es erstreckt sich über eine Länge von 90 Kilometer und eine Breite von 30 Kilometer. Auf diese Fläche verteilen sich über hundert Inseln. 19 davon sind von Einheimischen bewohnt. Die 24 Hotelinseln des Atolls sind im Vergleich zu Nord- und Südmale verhältnismäßig wenig, die Entwicklung zeigt aber eine rapide Ausdehnung in südlicher Richtung. Allein in den vergangenen zwei Jahren sind zehn neue Resorts entstanden, die zur Hauptreisezeit bereits ausgebucht sind.

—— Alle neuen Hotels passen sich den steigenden Ansprüchen des Publikums nach Luxus an, und so gibt es im Ari-Atoll nur wenige Anlagen, die an den einst sehr einfachen Tourismus erinnern, wo weder Klimaanlage noch Heißwasser geboten wurden und Süßwasser zum Waschen einen echten Fortschritt darstellte. Man kann aber immer noch guten Gewissens sagen, daß das Ari-Atoll, gemessen an Nord- und Südmale, am wenigsten erschlossen ist. Viele der Tauchplätze scheinen noch unberührt, und unzählige unerforschte Bereiche warten auf ihre Entdecker.

Hubschrauber sind mittlerweile das Hauptbeförderungsmittel für Besucher des südlichen Ari-Atolls.

____ Dem Ausbau der Inseln im Ari-Atoll stand einst der lange Anfahrtsweg entgegen, jedoch bringt der nun regelmäßige Helikoptertransfer auch das südlichste Atollende in erreichbare Nähe. Die Transferzeit mit Hubschrauber und anschließendem Dhoni-Zubringer wird selten $1^{1}/_{2}$ Stunden überschreiten.

____ Das Atoll und seine Tauchplätze lassen sich deutlich in Süd- und Nordteil unterteilen. Während der Süden durch einen breiten Kanal und seine vielen Thilas eine bunte Weichkorallenpracht bietet, wie sie auf den Malediven einmalig ist, zeichnet sich der Norden durch mehr Dramatik und besondere Vielfältigkeit aus. Am bekanntesten sind die Tauchgebiete des Nordens, die sich hauptsächlich auf der Ostseite befinden: das berühmte Haifischriff sowie das Halaveli-Wrack mit seinen angefütterten Stachelrochen und das Hausriff der Insel Ellaidhoo, das mit seiner Dramatik und eigenem Wrack auf den Malediven einzigartig ist. Erreichbar sind diese und andere Tauchgänge der Superlative im Norden Aris von den Inseln Ellaidhoo, Halaveli, Maayafushi, Bathala und Fesdu.

____ Auf der Westseite des Atolls stoßen wir auf die Inseln Velidu, Gangehi, Nika und Madoogali. Sie haben ihr eigenes Tauchrevier, man muß aber von dort für einige Sensationen des Ostens lange Anfahrten in Kauf nehmen.

____ In der Mitte des Ari-Atolls gibt es nur wenige Hotels, und entsprechend unbekannt sind die dazugehörigen Tauchgebiete. Erst wieder im südlichen Drittel machen sich die Taucher und Sonnenanbeter breit. Die Inseln Moofushi, Athuruga, Thudufushi sowie Rangali befinden sich hier im Westen und wenden sich mit ihrem Angebot an den ruhesuchenden Taucher mit unterschiedlichen Interessen. Angaga und Mirihi im Inneren des Atolls sowie die Anlage von Holiday Island im äußersten Süden sind dagegen Hotels, die zwar lange Anfahrtswege zu den bekannten Gebieten haben, aber den Westen sowie den Osten mit in ihr Tauchprogramm einbeziehen.

____ Wer es mit dem Tauchen ernst meint und das Feinste vom Feinen des Südens genießen möchte, der sucht sich zweifelsohne eine Insel im Osten nahe dem Dhigurashu Kandu, um den herum einige Hotels entstanden sind. Ari Beach Resort ist die südlichste Anlage, gefolgt von den nahegelegenen Resorts von Kuda Rah, Vakarufali, Machchafushi, Maafushi Varu, Villingili Varu, und Vilamendhoo. Etwas weiter nördlich schließt sich noch Lilly Beach an, das sein eigenes Tauchgebiet besitzt.

____ Die starke Konzentration von Hotelanlagen um den Kanal ist eine Belastung für die Unterwasserwelt, aber die Menge der Spitzentauchplätze im Süden des Ari-Atolls gewährleistet bislang eine ausreichende Verteilung der Besucher.

Die angefütterten Stachelrochen am Halaveli-Wrack sind eine der großen Attraktionen im Atoll.

26 Halaveli Wrack

Kein Tauchurlaub im nördlichen Ari-Atoll kann vollständig sein ohne einen Besuch der Stachelrochen am Halaveli-Wrack. Kaum sind Sie im Wasser, steigen die Rochen schon vom sandigen Untergrund zu Ihnen auf. Auf Anfänger kann es etwas beängstigend wirken, wenn ihnen ein anderthalb Meter breiter Stachelrochen mit vollem Tempo entgegenschwimmt. Das ist auch tatsächlich etwas Ungewöhnliches, aber seine Absichten sind ganz ehrenhaft: Er will bloß nachsehen, ob Sie vielleicht etwas zu essen mitbringen.

Das Halaveli-Wrack.

 Die Stachelrochen schwimmen auch nicht wirklich direkt auf Sie zu. Eigentlich sehen sie eher aus wie zu groß geratene mexikanische Sombreros, die im Wind flattern, und nicht wie Fische. Die Rochen sind ziemlich zahm. Sie umkreisen die Taucher und lassen sich auch bereitwillig anfassen. Tauchführer raten jedoch, die Streicheleinheiten auf die Unterseite der Tiere zu beschränken, da ein Berühren der Oberseite die Schutzschicht zerstören kann, die den Rochen vor Parasiten schützt.

 Die Begegnung mit den Rochen ist eindeutig der Höhepunkt dieses Tauchgangs. Das Wrack selbst ist noch ziemlich neu und bietet deswegen keinen besonders interessanten Bewuchs. In einigen Jahren wird es sicher mehr Eigencharakter entwickeln, obwohl der Anblick von Muränen, die aus dem Wrackinneren herauslugen, schon jetzt recht unterhaltsam ist.

 Das 1991 versenkte Schiff liegt in 30 Meter Tiefe auf Kiel. An seiner Südseite findet sich in 30 bis 40 Meter Entfernung das Halaveli-Riff, während im Norden der sandige Boden nach 30 Meter scharf nach unten abbricht. Es kann starke Strömungen geben, aber der Tauchgang ist nicht besonders schwer. Boote machen an einer Leine fest, die von der Bugreling gelegt wurde, um den Einstieg zu erleichtern.

 Dennoch Vorsicht: Oberflächenströmung kann das Hinaufklettern ins Dhoni zu einem Akrobatenakt werden lassen.

27 Bodu Thila

Dieser Platz ist der Vollkommenheit schon ziemlich nahe. An einem Kanal gelegen, bietet er sehr gute Chancen für spannende Begegnungen mit Haien und anderen Großfischen, während einen die Strömung am Riff entlangträgt.

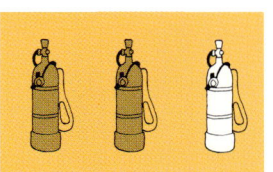

____ Bei westlicher Strömung ist die größte Sicherheit gewährleistet, da Sie diese ins Atoll und nicht auf die offene See hinaustreibt, und Sie können ihr immer wieder entkommen, indem Sie in einer der zahlreichen Höhlen Unterschlupf suchen, die die Südseite des Riffs charakterisieren. Sie liegen in Tiefen von 25 bis 30 Meter und bieten einen bequemen Platz, um der vorbeiziehenden Parade von Makrelen zuzuschauen, zwischen die sich große Schwärme von Füsilieren und Schnappern mischen.

____ Wenn Sie sich schon in den Höhlen befinden, dann genießen Sie dort auch gleich die wunderschönen Gorgonien, die den Raum zwischen Decke und Boden ausfüllen. Sie gehören zu einer der größten und weiträumigsten Kolonie des Ari-Atolls, wenn nicht sogar der Malediven insgesamt. Wenn die Strömung so richtig vorbeipfeift, dann seien Sie auch auf den einen oder anderen Hai gefaßt, der auf der Suche nach einem Mittagessen die Höhlen anpeilt.

____ So schön es hier auch ist, verbrauchen Sie bitte noch nicht Ihre ganze Luft, sondern steigen Sie langsam an den sanft abfallenden Wänden auf, die mit Leder- und Tischkorallen und einer hübschen Auswahl an Peitschen- und Drahtkorallen bewachsen sind. Zum südlichen Riffende hin steigt der sandige Boden bis auf etwa 10 bis 14 Meter an. Halten Sie hier Ausschau nach einem einzelnstehenden Korallenblock, und suchen Sie geduldig auf seiner südlichen Seite am Boden nach einem »Waschsalon«, der von Dutzenden von eifrigen Putzergarnelen geführt wird. Auch wenn Sie selbst keine Schuppen oder Parasiten haben, die entfernt werden müssen, kann es unterhaltsam sein, sich von

Eine Putzergarnele kommt ihren Diensten an einem Fingernagel nach und bringt ihn auf Hochglanz.

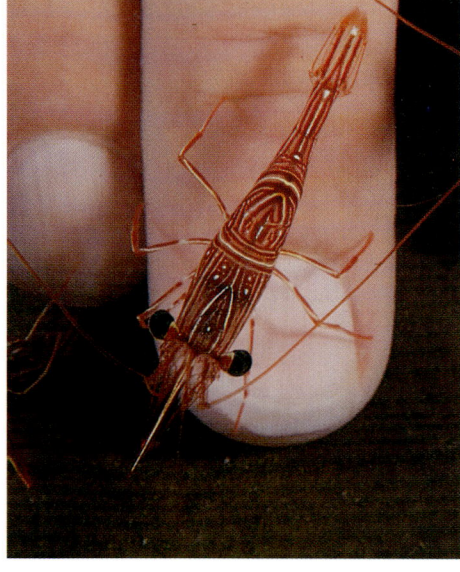

Drei Malediven-Anemonenfische tummeln sich am Bodu Thila, wo Anemonen das Riff wie eine Wiese großflächig bewachsen.

den winzigen Scheren der Tiere eine Maniküre am Fingernagel verabreichen zu lassen.

_____ Die Vorstellung ist aber noch nicht beendet. Schwimmen Sie zur südwestlichen Ecke über eine letzte Sandbodenfläche zu den Korallenblöcken, die 5 bis 7 Meter unter der Oberfläche liegen. Sie krönen das Riff und sind selbst wiederum mit zahllosen Anemonen geschmückt. Die Anemonenarme üben einen geradezu hypnotisierenden Zauber aus und bilden so einen gebührenden Abschluß für einen der vollkommensten Tauchgänge, den Sie in diesem Gebiet finden können.

28 Maayafushi Thila

Klein, rund und haisicher – das ist wohl die knappste Art, diesen Tauchplatz zu beschreiben. Starke Strömung und die Tatsache, daß hier immer wieder Haifütterung betrieben wird, sorgen für ein aufregendes Tauchziel.

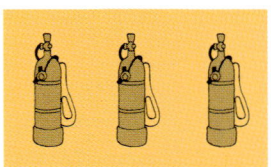

_____ Bei östlicher Strömung beginnen Sie diesen Tauchgang, indem Sie auf 30 Meter zu einigen Blöcken am westlichen Ende des Riffs abtauchen. Dabei sollten Sie sich umschauen, ob sich der eine oder andere Stachelrochen sehen läßt. Dann schauen Sie sich die Überhänge an, die die Strömung herausgewaschen hat, steigen zur Felsenoberfläche auf und peilen westwärts ins Blau der Strömung, um die ankommenden Haie zu entdecken – falls die nicht schon längst da sind, wenn Sie eintreffen. Kleine Verbände von drei bis fünf Grauen Riffhaien und ein halbes Dutzend Weißspitzen-Riffhaie treffen sich hier gewöhnlich zum Stelldichein.

_____ Dieses Schauspiel ist natürlich die große Attraktion des Tauchgangs, und vor lauter Haien hat man oft keinen Blick mehr für die anderen Schönheiten des Thilas. Dabei stehen hier oft Schwärme von Thunfischen und Makrelen, ebenso hübsche Gruppen von Zackenbarschen.

_____ Wenn es Zeit zum Auftauchen wird, bewegen Sie sich von den Felsen weg hinauf zur Wand des Thilas. Die Haie werden Ihnen dabei oft Gesellschaft leisten. Genießen Sie den zweiten Teil der Haishow mit der Muße, die Sie durch die längere Verweildauer auf nur noch 15 Meter erhalten.

_____ Zum Abschluß finden sich im Westteil des Thilas noch einige kleinere Überhänge und – auf dem Riffdach in 5 bis 7 Meter Tiefe – Korallen. Diese sind zwar leider von unvorsichtigen Tauchern schon etwas ramponiert, aber einige Korallenstöcke bieten mit ihrem Anemonenbewuchs noch genügend Interessantes.

Graue Riffhaie sind die Attraktion am großartigen Maayafushi Thila.

29 Fesdu Wrack

Der bekannte deutsche Unterwasserfotograf Herwarth Voigtmann nennt das Fesdu-Wrack das schönste des ganzen Ari-Atolls. Man kann leicht verstehen, warum jeder, der künstlerische Ambitionen hat, dies so sieht. Vom Vorderdeck bis zur Schiffsschraube mit Weichkorallen überzogen und mit einer Schiffsfahne aus einem Schwarm Fledermausfischen, die fast immer in Formation vom Radarmast flattern, ist dieses Wrack wirklich eine Augenweide.

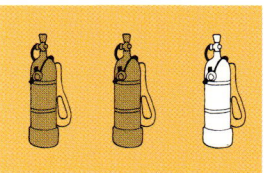

_____ Der ausgeschlachtete Schiffskörper von etwa 30 Meter Länge wurde 1984 knapp westlich von Fesdu Thila versenkt, um als künstliches Riff und auch als Taucherattraktion zu dienen. Nun sitzt er aufrecht auf seinem Kiel, das Heck in etwa 26 Meter, der Bug in knapp über 30 Meter Tiefe.

_____ Der Zugang zum Schiffsinneren wird durch eine Ladeluke mittschiffs ermöglicht, aber, wie bei allen überdachten Dingen, sollten nur diejenigen in das Wrack eindringen, die auch die erforderliche Erfahrung dafür mitbringen. Eine zweite Ladeluke achtern der ersten läßt einen Haufen von Schrottwinkeleisen erkennen, die benutzt wurden, um das Schiff in sein nasses Grab zu senken.

_____ Durch leer gähnende Fensterrahmen gelangen wir auch in das Ruderhaus, aber hier ist wenig Interessantes zu sehen, da alles Verwendbare vor dem Sinken des Wracks sorgfältig entfernt wurde. Viel wichtiger für Ihr Tauchvergnügen ist das Vorderdeck, das mit hübschen blaßblauen und weißen Weichkorallen ausgelegt ist. Sie finden in den Strömungen, die das rostende Wrack umspülen, reichlich Nahrung und gedeihen deshalb so üppig.

_____ Oberhalb von 20 Meter entdeckt man wenig Interessantes, und so tauchen wir langsam am benachbarten Thila auf. Neben ein paar kleinen Überhängen bieten über dem Riffdach ein Schwarm Damselfische und Fahnenbarsche Unterhaltung während des Aufsteigens.

Nach zehn Jahren seiner Existenz ist das Fesdu-Wrack hübsch überwachsen.

30 Ellaidhoo-Hausriff

Die Insel Ellaidhoo hat ein Hausriff, das von vielen als das beste der Malediven angesehen wird. Was es auszeichnet, sind die zahlreichen verschiedenartigsten Großfische, die an den dramatisch abstürzenden senkrechten Steilwänden vorbeiziehen. Als Zugabe gibt es noch die Geheimnisse eines Wracks zu erkunden. Bei all diesen Möglichkeiten kann man eigentlich von drei Tauchplätzen sprechen.

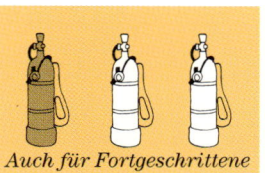

Auch für Fortgeschrittene

____ **Ostwand:** Entweder Sie nehmen das Boot, das das Tauchzentrum anbietet, und lassen sich an den Platz bringen; oder Sie gehen am Bungalow 40 ins Wasser. Die erste Variante führt Sie sofort mitten ins Geschehen, die zweite erfordert ein bißchen Schnaufen und Platschen gegen die Strömung, bietet aber bereits auf dem Weg schon einige Schönheiten.

____ Die Riffwand fällt bei Ihrem Einstieg an der Insel-Nordseite fast senkrecht ab, die Neigung wird aber langsam geringer, je näher Sie dem Platz kommen. Die Wucht der Gezeiten an diesem ausgesetzten Ort zeigt sich deutlich an den vielen Höhlen, Löchern und Zerklüftungen des Riffs.

____ Der sandige Grund auf 25 bis 30 Meter reflektiert das Licht, das die zahlreichen farbenfrohen Korallen an dieser Wand aufleuchten läßt. Zarte Fächer wehen wie Klöppelspitze im Wind, während die steiferen, größeren Gorgonien vibrieren, sobald die Strömung so richtig vorbeifegt. Stachelrochen, Haie und Schildkröten sind Stammgäste am Hausriff und haben ihren Auftritt ziemlich verläßlich bei fast jedem Tauchgang.

____ Lassen Sie sich nun von der Strömung an großen und kleinen Einkerbungen vorbeitragen, und genießen Sie den Anblick der Süßlippen, Zackenbarsche und Doktorfische, die Sie auf Ihrem Weg zu den beiden Ausgängen begleiten. Diese sind klar mit Luftflaschen markiert, die am Grund verankert sind.

____ Südwand: An der Boje nahe dem Wellenbrecher vor Bungalow 8 geht es los:

Auch das Wrack am Ellaidhoo-Hausriff zeigt bereits einige Farbe.

Ellaidhoo ist unter Tauchern als Insel mit dem schönsten Hausriff der Malediven bekannt. Hier können Makrelen im flachen Wasser auch von Schnorchlern beobachtet werden.

Links: Langustenversammlung in einer Höhle. Mitte: Riesen-Seegurken in drei Farben auf einem Schwamm. Rechts: Ein Buckelschnapper genießt das Sonnenlicht nahe der Wasseroberfläche.

im freien Fall entlang einer senkrechten Wand hinunter zu einem flachen, sandigen Korallenvorsprung auf 25 Meter. Schweben Sie mit der auslaufenden Strömung über die Hart- und Weichkorallen am Boden. Achten Sie mit dem Riff zu Ihrer Linken auf kleine Fächerkorallen, die das Riff bedecken. Auch mittlere und große gesellen sich manchmal dazu.

_____ Der Untergrund verändert sich bald und wird zu einem sandigen, 10 Meter breiten Streifen, der sich wie ein Feldweg durch sanfte Hügel zieht. Zu Ihrer Rechten können Sie oft gut anderthalb Meter breite Stachelrochen in der Strömung sehen, die mit herumziehenden Weißspitzen-Riffhaien um Ihre Aufmerksamkeit wetteifern und auch mal ihre Formation aufbrechen, um die fremden Taucher zu inspizieren.

_____ Direkt unter dem Bootssteg finden Sie dann das Wrack eines kleinen Küstenschiffs, das hier 1991 eigens für Taucher versenkt wurde. Der Eisenrumpf des Schiffs läßt sich als erstes erkennen, denn das Wrack liegt auf der Backbordseite, so daß der Bug in westlicher Richtung auf die Insel zeigt. Schwimmen Sie bei geeigneter Strömung auf die Seeseite, um einen Blick auf die verhedderte Takelage und die Ausstattungsteile, die auf dem Boden verstreut liegen, werfen zu können.

_____ Achten Sie auf Ihre Tauchzeit, und sehen Sie sich beim Aufsteigen die Einkerbungen der Riffwand an. Nur ein paar Meter östlich des Wracks finden Sie auf 12 Meter eine hübsche Höhle mit sandigem Boden. Hier halten sich oft Zackenbarsche, Süßlippen und eine wahrhaft riesige Muräne auf. Interessant ist auch, wie die Strömung den sandigen Boden zu halbmeterhohen Sanddünen aufwirft und wieder einebnet.

_____ Steigen Sie ostwärts auf, bis Sie die versenkte Druckluftflasche finden, die Ihnen den Weg in die flache Lagune am Steg weist.

_____ **Westwand:** Dramatische Überhänge, die tief ins Riff eingekerbt sind, charakterisieren diese Inselseite. Beginnen Sie bei einlaufender Flut am Bungalow 20. Auch wenn der Anfang des Tauchgangs gegen die Strömung verläuft, können Sie am Ende bequem zu den Ausstiegen bei Bungalow 8 oder 2 driften.

_____ Sie schwimmen an einer fast senkrechten Wand entlang, die an ihrem westlichsten Punkt besonders interessant ist. Hier haben die Gezeiten große Teile des Riffs in spektakulärer Weise ausgehöhlt, und manche Kluft reicht tief in die Riffwand hinein. Die Höhlungen sind in unterschiedlichen Tiefen zu finden, teils nahe dem Sandboden auf 25 bis 30 Meter, teils um die 10-Meter-Marke herum.

_____ Halten Sie Ausschau nach einer kleinen Öffnung, die sich knapp südlich des westlichsten Punkts in 12 Meter Tiefe befindet. Der Höhleneingang ist gerade weit genug, um einen Taucher ohne große Schwierigkeiten durchzulassen. Wenn Sie drinnen sind, können Sie sich an Dutzenden herrlich großer Hummer erfreuen, die sich in den dunklen Ecken aufhalten und sogar hinter den Korallenknollen an der Decke hervorlugen. Die beste Zeit hierherzukommen ist bei Sonnenuntergang, denn dann kann man die Hummer beobachten, wie sie die Höhle verlassen.

_____ Lohnend ist die gesamte Gegend um den westlichsten Punkt. Hier findet sich eine weitere, ausgedehnte Höhle von über 30 Meter Länge. Wie eine Schatzkammer ist sie mit eindrucksvollen Gorgonien und purpurfarbenen Drahtkorallen angefüllt.

_____ Der weitere Tauchgang führt mit der Strömung an interessanten Riffwänden vorbei, bis Sie wieder eine der in 10 Meter Tiefe am Riff befestigten Tauchflaschen zum Ausgang lotst.

31 Magala Thila

Dieser Tauchgang ist wie ein Kaleidoskop: voller wundersamer Farben und Formen, immer in Bewegung, unerschöpflich in seinem Variantenreichtum; man kann immer wieder hineinschauen. Nur muß man nicht mit einem Auge eine Röhre entlanglugen, sondern kann die Blicke schweifen lassen – sie bleiben immer an etwas Lohnendem hängen.

_____ Das ovale ost-westlich verlaufende Riff liegt gerade noch innerhalb der östlichen Atollgrenze nahe am Maagau Kandu und dessen starken Strömungen. Der größte Teil der Riffoberfläche befindet sich in 10 bis 12 Meter Tiefe, während ein Abschnitt am Ostende bis auf 5 Meter aufsteigt. Gehen Sie auf 25 Meter Tiefe, und treiben Sie dann an der Nordseite des Riffs entlang. Wenn Sie an einen interessanten Überhang kommen, schwimmen Sie aus der Strömung, und erleben Sie eine Auswahl der farben-

Taucher erfreuen sich an einem gelben Meer von Blaustreifenschnappern. Schwärme dieser Art sind im Nordosten des Magala Thila fast immer anzutreffen.

prächtigsten und faszinierendsten Korallen, die Sie auf den Malediven zu sehen bekommen. Oft sind die Höhlungen mit kleinen, blütenförmigen gelben Korallen bedeckt, und man hat das Gefühl, über eine Wiese von Löwenzahn zu schweben.

⎯⎯ Viele der Winkel und Ecken zwischen Überhangdach und -boden sind angefüllt mit Gorgonien, während tiefpurpurne Drahtkorallen über den Boden verstreut sind. An der unterschiedlich geneigten Außenseite entdecken wir vielerorts schöne Hartkorallen. Am Nordwestende bringt der Sandboden dem farbenreichen Riff zusätzliche Leuchtkraft durch Sonnenreflexe und illuminiert einen Schwarm von blaugestreiften Schnappern, die sich dort oft tummeln.

⎯⎯ Auch wenn die Strömung es mühevoll machen sollte, wenden Sie sich doch zurück zum Riff auf die geschütztere Südseite. Hier ist der Hang weniger steil, aber ebenfalls mit bunten Farben geschmückt. Man könnte an die Wüste im Frühling denken – eine felsige Landschaft mit leuchtenden Blumen übergossen.

⎯⎯ Wenn Sie sich wieder dem Ostende nähern, läßt sich Schutz vor der Strömung nur noch unter den dortigen großen Überhängen finden. Auf 10 Meter können Sie einige Zeit mit dem Makrelenschwarm verbringen, der hier oft wetterhahnartig in der Strömung steht.

⎯⎯ Dann lassen Sie sich zurück ans Riff treiben und steigen zu einem Tälchen in 5 Meter Tiefe auf, das mit Anemonen gefüllt ist. Welcher Taucher bringt hier nicht gern die Geduld auf für einen Sicherheitsstop zwischen sanftschwankenden Tentakeln und Clownsfischen?! Diese Zeit der letzten Minuten vor dem Auftauchen ist die der größten Farbenpracht, denn nur in den Bereichen nahe der Oberfläche kann unser Auge die reellen Farben im Schein des ungefilterten Sonnenlichts voll genießen.

Anglerfische können ihre Farbe verändern. Dieses zur Zeit orangefarbene Exemplar sitzt kopfüber an einer Koralle und wartet geduldig auf vorbeischwimmende Nahrung.

32 Fish Head

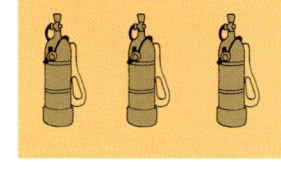

Allein für dieses Riff unternehmen viele Taucher die Reise auf die Malediven. Der Grund ist eindeutig: Haie satt! Die außergewöhnliche, erregende Erfahrung, mitten unter diesen faszinierenden Raubfischen zu tauchen, bedeutet in Fish Head Alltag, aber alltäglich-langweilig ist es beileibe nicht. Mit etwas Glück können Sie damit rechnen, daß Sie ein halbes Dutzend oder mehr Weißspitzen- und Graue Riffhaie umkreisen.

———— Normalerweise beginnt dieser Tauchgang mit dem Absinken an einer Leine. Ihr folgend, gelangen Sie an eine halbrunde Einbuchtung in den Korallen bei 10 bis 12 Meter Tiefe. Bei starker Strömung bietet diese schüsselartige Formation mehr als einem Dutzend Tauchern bequeme Aussichtsplätze für die Haishow.

———— Das Thila selbst ist fast kreisförmig und im Durchmesser an die 40 Meter breit. Es erhebt sich bei 30 Meter aus dem sandigen Untergrund und endet mit einer flachen Oberfläche bei ca. 10 bis 12 Meter. An der nordöstlichen Seite wird es von einigen Türmchen gekrönt, die bis 5 Meter unter die Wasseroberfläche reichen.

———— Trotz starker Erosion finden sich an der nordwestlichen Wand des Riffs schöne Fächer, deren bunte Linie sich von 20 Meter bis auf den Boden in 30 Meter Tiefe hinabzieht. Das Wasser war es auch, das im Westen in den mittleren Tiefen von 15 bis 25 Meter und im Nordosten etwas höher, bei 8 bis 12 Meter, Überhänge ausgewaschen hat.

———— Wenn Ihnen diese Landschaftsdetails oder die eindrucksvollen Schwärme von Füsilieren am Riffdach entgangen sind, dann haben Sie offenbar wirklich intensiv den Haien nachgeschaut. Die sind schließlich auch die Hauptattraktion und lassen auch nach einem einstündigen Tauchgang nur den Wunsch aufkommen, bald wieder in die »Sitzschüssel« von Fish Head zurückzukehren.

Ein Grauer Riffhai zieht seine Runden unterhalb eines Füsilierschwarmes.

33 Atavaru Thila

Nur weil sich das südliche Ari seiner Weichkorallen besonders rühmen kann, heißt das nicht, daß nicht auch Nord-Ari einiges in dieser Richtung zu bieten hätte. Atavaru Thila ist in diesem Punkt wirklich reich gesegnet und kann mit einiger Berechtigung für sich in Anspruch nehmen, einer der farbenprächtigsten Tauchgänge der gesamten Malediven und sogar darüber hinaus zu sein.

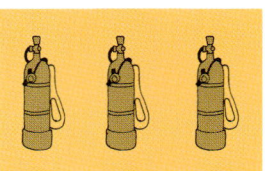

──── Dies ist ein typisches maledivisches Thila: Es verläuft in ost-westlicher Richtung, erhebt sich aus sandigem Untergrund in etwa 30 Meter Tiefe und liegt an seinem höchsten Punkt ungefähr 5 Meter unter der Wasseroberfläche. Sein östliches Ende zeigt drei oder vier deutlich unterschiedliche Terrassen, die nach Westen hin immer flacher werden. Diese Gegend wäre allein schon einen Besuch wert, wird aber oft wegen der Höhepunkte am anderen Ende vernachlässigt.

──── Dort erhebt sich in östlicher Richtung ein Rücken aus der Riffmitte, der schließlich zum rasiermesserscharfen Grat wird und zwei völlig unterschiedliche Landschaften nach Süden und Norden hin teilt. Die nördliche Riffwand beginnt im Westen mit einem ziemlich steilen Hang, der sich immer mehr der Senkrechten annähert, je weiter man nach Osten gelangt. Die Südseite dagegen bietet ein sanfter ansteigendes Profil. Bei hereinkommender Flut kann die Nordseite von sehr starken, verwirbelten Strömungen gebeutelt werden. Glücklicherweise schützt der scharfe Grat, der das Riff teilt, die Südseite, und es passiert oft, daß man im festen Griff der Flut über den Grat schwebt und sich dort auf einmal in ruhigem Wasser befindet.

──── Diese Gegend, nahe am westlichen Riffende, auf der Nordseite des Grates in etwa 5 bis 12 Meter Tiefe, ist es, die diesen Tauchgang so besonders macht. Kleine Höhlen, Überhänge und Blöcke gibt es im Überfluß. Alle nur erdenklichen Arten von Hartkorallen überziehen die Oberflächen, angereichert mit blauen und gelben Schwämmen, die in der Strömung schwingen. Die fedrig-grazilen Arme

Eine unwirklich scheinende Wirklichkeit.

Diese farbenprächtige Höhle ist nur eine von vielen in den flachen Bereichen des Attavaru Thila. Sie wird von zwei jungen Ammenhaien bewohnt.

der Büsche von Schwarzkorallen biegen sich sanft unter dem Druck des Wassers, während sich die harte Tischkoralle den Bedingungen dieses ausgesetzten Platzes anpaßt, indem sie komplizierte, bizarre Formen entwickelt und so der Kraft der Strömung entgeht.

    In den geschützteren Räumen der Höhlen und hinter Korallenvorsprüngen haben zarte Weichkorallen in den unterschiedlichsten Farbschattierungen ihre Heimat gefunden. Gorgonienfächer und Peitschenkorallen suchen sich zwischen ihnen Platz und wetteifern mit ihrem Farbenspiel in Blau, Weiß, Purpur und Rostrot. Es scheint, als sei jeder Zentimeter mit Schönheit verschwenderisch angefüllt.

34 Hithi Kandu Thila

Dieses Riff gehört zu den tiefer liegenden der Gegend und ist deshalb fortgeschrittenen und erfahrenen Tauchern vorbehalten. Gibt es keine Strömung, dürfte es auch von fähigen Tauchneulingen zu bewältigen sein; aber es ist ein tiefer Tauchgang und deshalb auf keinen Fall etwas für unerfahrene Anfänger mit Tarierproblemen!
_____ Wie fast alle Thilas verläuft auch dieses von Ost nach West, wobei das nördliche Ende bei 30 Meter Tiefe liegt und langsam bis auf 20 Meter zu einem Rücken im Zentrum ansteigt, um dann nach Süden wieder in größere Tiefen abzusinken.
_____ Halten Sie Ausschau nach Karettschildkröten und Adlerrochen inmitten der Hartkorallen an der Thilaoberfläche zwischen 14 bis 18 Meter. Vereinzelte Weichkorallen können kaum von der eigentlichen Attraktion ablenken: den Schwärmen größerer Fische, die sich hier oft wie Fahnen in die Strömung hängen.

Seescheiden gibt es in vielen verschiedenen Größen und Farben. Die auf den Malediven sehr verbreiteten Tiere sind recht empfindlich und sollten deshalb nicht angefaßt werden.

Unter einem Überhang des Hithi Kandu Thila begegnen sich ein Taucher und ein mit den Doktorfischen verwandter Halfterfisch. Er ist scheu und meist nur allein oder in Paaren anzutreffen. Besondere Merkmale sind der lange Schwanz und sein pinzettartiges Maul.

_____ Auffallend in der Unterwassertopographie sind ein kleiner Canyon auf der Nordseite und eine Reihe von Überhängen am östlichen Ende der Nordwand. Einmalig ist der Canyon durch seine Unberührtheit. Auch die zartesten Korallen, die an seinen Innenwänden wachsen, sind völlig unbeschädigt, was wohl daran liegt, daß dieser Platz längst nicht so oft betaucht wird wie viele andere im Atoll.

_____ Der einzige flache Punkt des Riffs befindet sich an seinem östlichen Ende bei 10 bis 12 Meter Tiefe und öffnet den Blick auf einen 5 Meter tiefer liegenden Überhang. Ein Besuch lohnt sich, da hier oft Ammenhaie ihr Nickerchen halten.

35 Broken Rock

Welche Riesenfaust dafür gesorgt haben mag, daß dieser Tauchgang seinen Namen »Zerbrochener Fels« verdient hat, läßt sich nicht mehr feststellen. Aber es ist hier ein Platz entstanden, der eigens für die Wünsche von Tauchern gemacht zu sein scheint: Weichkorallen in Weiß, Blau, Purpur und bernsteinfarben schmücken das fast runde Thila zwischen den Inseln Dhigurah und Dhagethi.

_____ Broken Rock bildet einen Canyon, der gerade breit genug ist, um einen Taucher bequem an den Weichkorallen und Gorgonien der Wände vorbeizulassen. Der Bruch verläuft in nord-südlicher Richtung, biegt im letzten Drittel aber scharf nach Südost.

Die Bruchstelle des Broken Rock.

_____ Die Oberfläche des Ostteils liegt in 12 bis 14 Meter Tiefe. Die flachste Stelle des Canyons liegt bei 20 Meter, dann senkt sich der Boden langsam tiefer.

_____ Nordöstlich dieses Teils liegen noch zwei Felsen ca. 5 bis 10 Meter vom Hauptriff entfernt. Das Wasser hat hier Überhänge ausgehöhlt und einer großen Anzahl Gorgonien geschützten Raum eröffnet. In 30 Meter Tiefe hat sich eine Stufe gebildet, von der aus man weitere Abstürze erkennen kann, an denen sich Gorgonien der Strömung entgegenstrecken.

_____ Das gesamte Thilagebiet ist recht klein und kann, zumindest theoretisch, in einer Stunde bequem umrundet werden. Wie den meisten Tauchern, wird aber auch Ihnen so viel ins Auge stechen, daß Sie nur ziemlich langsam vorankommen werden.

_____ Normalerweise steigen Sie direkt über dem Riff ein. So können Sie die Strömungsrichtung bestimmen und entscheiden, nach welcher Seite Sie Ihre Umrundung beginnen wollen. Wenn man von den nordöstlichen Blöcken Richtung Süden zum Canyon schwimmt, bekommt man einen schönen Eindruck von der Landschaft und den Fächern. Aber auch ein Aufstieg durch den Canyon von Süden nach Norden hat seine Reize. Entscheidungshilfe bieten vielleicht die Tauchtiefen: Während der Canyon um die 20-Meter-Marke liegt, finden sich die Überhänge im Norden und Osten bei 30 Meter.

36　Kuda Rah Thila

Auf den Malediven gibt es viele Tauchgänge, die für jeden etwas bieten. Kuda Rah könnte dagegen wohl der einzige Tauchgang sein, der jedem alles bietet! Ein reichlich hoher Anspruch? Erst wenn Sie selbst hier getaucht sind, können Sie entscheiden, ob das stimmt oder übertrieben ist. Tatsache ist jedenfalls, daß Kuda Rah Thila einer der beliebtesten und am meisten besuchten Plätze im südlichen Ari-Atoll ist.

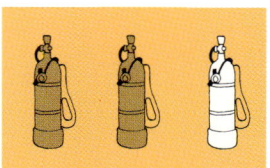

_____ Er liegt auf der Innenseite des südöstlichen Riffrands: ein fast runder Korallenblock, der in drei Hauptsegmente zerbrochen ist und von kleineren Brocken im Nordwesten und Osten umgeben wird. Die südöstliche Spitze ist langgestreckt und mit dem Zentralblock durch eine reizende Brücke verbunden, die sich von ihrem höchsten Punkt bei etwa 17 Meter hinunter auf 22 Meter Tiefe neigt. Der dadurch entstehende Brückenbogen verlangt geradezu danach, durchschwommen zu werden, und ist weit genug, um drei Taucher nebeneinander hindurchzulassen, ohne daß diese befürchten müßten, die wunderschönen Weichkorallen und Fächer zu beschädigen, die die Seiten der Blöcke bevölkern.

_____ Wenn Sie unter der einen Brücke hindurchgegangen sind, schwimmen Sie weiter zur Riffaußenseite und besuchen den roten Anglerfisch, der dort residiert. Er ist ein so verläßlicher Zeitgenosse,

Die auffälligen Fledermausfische sind nur ein Grund von vielen, das Kuda Rah Thila zu besuchen.

Die Farbenintensität wie hier der Fahnenbarsche sowie die Artenvielfalt küren das Kuda Rah Thila zum begehrtesten Tauchplatz des südlichen Ari-Atolls. Links: Roter Anglerfisch. Rechts: Riesenmuräne.

daß Tauchführer Kuday von der Sub Aqua-Basis auf Machchafushi den Ort als Orientierungspunkt auf seinem Satellitenempfänger einprogrammiert hat. Die erstaunliche Genauigkeit satellitengesteuerter Navigation und die Ortstreue von Herrn Anglerfisch erlauben es, daß man nur wenige Meter von seinem Wohnort entfernt ins Wasser gelassen werden kann.

_____ Der gesamte Riffhang unterhalb der Überhänge bei 20 Meter ist mit Gorgonien bedeckt, die bis zum sandigen Boden wachsen. Ihre Fächer strecken sich auch in den kleinen Höhlen aus und suchen sich ihren Platz zwischen den stark wuchernden Weichkorallen.

_____ Das südliche Ari rühmt sich seiner Weichkorallen, und das zu Recht. Man muß schon sehr abgestumpft sein, um sich nicht für die Menge und Vielfalt zu begeistern, die sich in diesen Gewässern darbieten. Aber auch die schönsten Teile anderer Riffe verblassen im Vergleich zur Farbenpracht von Kuda Rah Thila.

_____ Wenn Sie jetzt denken, ein schönes Riff ist ja ganz nett, aber ich bin eigentlich mehr auf Haie aus, dann werden Sie froh sein, den Weg hierher gefunden zu haben. Tauchen Sie auf 20 Meter hinter einen der Felsen, die direkt am Thila stehen, und dann schauen Sie sich die Weißspitzen-Riffhaie an, die an Ihnen vorbeiparadieren und elegant zwischen den Felsen ein und aus navigieren.

_____ Mittlerweile werden Sie sich auch nicht mehr fragen, was denn die Haie an diesen Ort bringt. Ganz einfach: die Fische, Unmengen von Fischen; Wolken von Fischen. Schwärme von blaugestreiften Schnappern, die in den Rissen der Riffoberfläche stehen wie Nebel in einem Tal, und darüber Füsiliere im Platzwettstreit mit Doktorfischen und roten Schnappern.

_____ Wie hieß es doch am Anfang? Kuda Rah Thila bietet für jeden alles!

37 Dhigurah Arches

Dhigurah Arches – die Bögen von Dhigurah – kamen aus mehreren Gründen in unsere Auswahl. Insbesondere deshalb, weil dieser Platz eine angenehme Abwechslung zu den Thila-Tauchgängen darstellt, die sonst für das südliche Ari-Atoll typisch sind. Den ganzen Tauchgang über bleibt man am Riff, das sich bis zur Oberfläche hinaufzieht.

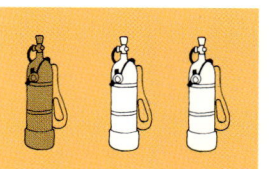

——— Es liegt auf der Atoll-Innenseite am Hausriff der Insel Dhigurah, beginnt nahe der Innenseite der Riffecke und verläuft dann über mehrere hundert Meter am Thila entlang. Hier kann man ungefährdet bei fast allen Bedingungen – also atollauslaufender oder -einlaufender Strömung – tauchen. Da außerdem das Riffdach im Flachwasser bei 5 Meter geradezu maßgeschneidert für einen Sicherheitsstop ist, halten wir diesen Tauchgang besonders für Anfänger gut geeignet. Ein- und Ausstieg sind unproblematisch, der Tauchgang selbst ist ein einfaches Driften entlang des Riffs.

——— Als Bögen bezeichnet man die fast kreisrunden Auswaschungen, die sich von der Ecke aus das Riff entlangziehen. An manchen Plätzen sind auch die Wände zwischen den einzelnen Bögen schon durchlöchert, so daß man von einer Einbuchtung in die nächste sehen kann. Fächerkorallen haben sich in den Winkeln eingenistet und bieten farbige Abwechslung.

——— Da fast alle diese Formationen zwischen 10 bis 15 Meter Tiefe liegen, ist genügend Tauchzeit gegeben, um die Überhänge und sandbedeckten Höhlenböden zu erkunden.

Teufelsrochen im Formationsflug – immer wieder ein eindrucksvolles Erlebnis.

38 Machchafushi-Hausriff

Welche Insel das beste Hausriff zu bieten habe, darüber mögen jene, die die Malediven kennen und lieben, geteilter Meinung sein. Eine verbindliche Antwort wird es darauf wohl nie geben. Fest steht jedoch, daß das Hausriff von Machchafushi bei jedem in die Endauswahl für den ersten Preis kommen wird.

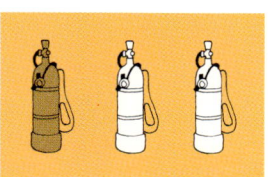

_____ Paaren, bei denen nur ein Partner Taucher ist, bietet Machchafushi einen schönen Kompromiß, denn das Riff liegt im Flachwasser, wo sich die Schönheiten für den Schnorchler fast ebensogut erschließen wie für den Taucher.

_____ Der Riffrand, der von der nordwestlichen Ecke bis zu dem Tauchausgangspunkt am Steinpier verläuft, hat mehrere dramatische Steilwände, bei denen es den meisten Tauchern warm ums Herz wird. Aber nicht um die großen Sensationen geht es hier, sondern um die Wunder im Kleinformat.

_____ Besonders am Nachmittag erglänzen die vielen Einkerbungen im Flachwasser mit bunten Fischen, die den gleißenden Sonnenschein reflektieren. Große Schulen von Anchovis, Damselfischen und blauen Füsilieren leuchten vor dem Indigo des tieferen Wassers vor dem Riff. Massige Makrelen kreuzen ständig an seiner Schulter und stoßen ins Flachwasser vor, um Beute zu machen. Seesterne, Schwämme und Weichkorallen drängeln sich zwischen Haufen von Geweihkorallen. Tischkorallen sind zahlreich, und hier und da findet man auch große Mördermuscheln.

_____ Diese Sektion des Riffs ist recht ausgedehnt, wenn man vom Shuttleboot aus taucht, aber da die besten Stellen im Flachwasser zwischen 5 bis 10 Meter liegen, reicht ein Tank durchaus. Gemütlicher kann man es haben, wenn man am Pier anfängt (dem Ausstieg für den Nordseiten-Tauchgang) und an einem der beiden Ausstiege nahe der Tauchbasis im Südwesten das Wasser verläßt. Hier ist die Hangneigung sanfter und der Fischreichtum etwas geringer. Da auch die Strömung nicht so stark wirkt, ist es hier ideal für Neueinsteiger – schön ist die Unterwasserlandschaft in jedem Fall.

Orientalische Süßlippen stehen gern im Schutz von Überhängen und Tischkorallen.

_____ Weichkorallen ziehen sich 10 Meter breit von der Riffoberfläche bis auf den sandigen Boden bei 30 Meter und schwanken in den Wellen wie rotbraune Ähren auf riesigen Kornfeldern. Dazwischen strecken unglaublich große Geweihkorallen ihre Arme von der Oberfläche bis hinunter zum Grund. Diese zarten Korallenverästelungen sind noch unberührt und unbeschädigt, denn hier wird erst seit 1993 getaucht. Wir Taucher tragen die Verantwortung, daß dies auch so bleibt.

Rechts: Bezaubernde Unterwasserwelt am Machchafushi-Hausriff. Rechts unten: Weißkehl-Doktorfische finden sich zur Paarung in Schwärmen zusammen.

Unten: Endlose Hänge mit Geweihkorallen.

39 Angaga Thila

Bei Angaga Thila könnte man an eine Frau mit Stil denken, die weiß, daß strenges Schwarz sie am besten kleidet, wenn sie ihren schönsten Schmuck anlegt. Bei Angaga ist die Grundfarbe eher ein unauffälliges Braun; aber was den Schmuck angeht, besteht Angaga mühelos den Vergleich mit allen Preziosen, die die gekrönten Häupter Europas zieren.

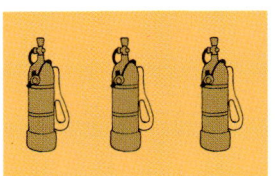

Alles, was man an üblichen Fischarten kennt – Füsiliere, Schnapper, Doktorfische -, ist hier in wahrer Überfülle versammelt. Die Fische nehmen von den Tauchern um sie herum kaum Notiz und gestatten denjenigen hautnahen Kontakt, die sich langsam und geduldig von unten in die silbrigen Massen hineinschlängeln.

Wie gemalt, steht ein Schwarm Großaugenbarsche am Angaga Thila.

_____ Bei solchen Fischmengen überrascht es nicht, daß diese nicht nur Taucher, sondern auch Haie anziehen, und das wiederum macht Angaga zu einer Attraktion der besonderen Art. Ein Tauchgang ohne eine Begegnung mit Haien ist hier eine Seltenheit. Wenn Ihnen das Herz nach Hai steht, dann wird Ihre Sehnsucht am leichtesten gestillt, wenn Sie direkt über dem runden, nur ca. 35 Meter breiten Thila beginnen. Schwimmen Sie in die Strömung, und tauchen Sie bei ca. 7 bis 10 Meter an der Riffoberfläche vorbei, hinunter bis auf den sandigen Untergrund in 30 Meter Tiefe. Wenn sich nach einer kurzen Wartepause keine Haie einstellen, ziehen Sie sich an die Riffwand in 20 Meter zurück und versuchen dort Ihr Glück. Nicht empfehlenswert ist es, vom Thila weg ins Blaue zu ziehen, da damit normalerweise nur die Haie verscheucht werden, die sich dort aufhalten.

_____ Die Haie und Fischschwärme sind zwar die wichtigste Attraktion von Angaga, aber auch die Landschaft ist einen Blick wert. Kleine Überhänge umgürten das Riff in einer Tiefe zwischen 20 und 25 Meter, und eine hübsche Sammlung von Fächern verläuft auf dem nordwestlichen Abhang von 20 Meter hinab zum Atollboden.

_____ Weniger ist hier eben mehr, denn das blitzende, funkelnde Schauspiel der Fische ist wirklich atemberaubend. Oder, wie es ein rundum zufriedener Taucher nach einer Stunde des Schwebens inmitten der bunten Schwärme ausdrückte: »Hier weiß man doch mal wieder, warum man eigentlich tauchen geht.«

40 Mandhoo Thila

Schaut man auf eine Karte der Malediven, sieht man deutlich, wo sich die Touristenzentren konzentrieren. Dabei fällt auf, daß das südwestliche Ari-Atoll bisher noch wenig erschlossen ist. Dementsprechend kann man hier noch viel entdecken und mit unberührteren Riffen rechnen als im Osten. Der Haken an der Sache ist, daß die dort bislang entdeckten Plätze nicht an den Standard der bekannteren Nord- und Ostgebiete heranreichen, den Malediven-Kenner also nicht unbedingt zu Begeisterungsstürmen hinreißen werden. Da hier aber die Strömungen generell milder ausfallen, könnte das Gebiet gerade für Anfänger und Gelegenheitstaucher interessant sein.

_____ Die Inseln Rangali und Moofushi stellen am westlichen Außenrand die einzigen Touristeninseln im Südari-Atoll dar. Rangali ist dabei ein typischer Vertreter der neuen Inselgeneration. Mit dem Schick eines italienischen 5-Sterne-Resorts ausgestattet, bietet ein dortiger Aufenthalt alles, was der Prospekt an Luxus verspricht. Die professionelle Tauchbasis wird hier versuchen, das Beste aus ihrer benachteiligten Lage zu machen. Zu den bemerkenswertesten Tauchgebieten, die wir dort kennenlernten, gehört fraglos ein Thila südlich der Insel Mandhoo, ca. 7 Kilometer nördlich von Rangali.

_____ Der »Ritt auf dem dreihöckerigen Kamel« am Mandhoo Thila ist ein besonderes Erlebnis. Unser »Ausritt« beginnt in l2 Meter Tiefe, herum um ein Riff, das nur

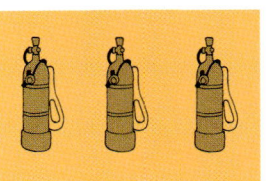

50 Meter breit, aber ca. 200 Meter lang ist. Wie die Höcker eines Kamels sind drei runde Erhebungen von Ost nach West ausgerichtet und durch zwei Sättel in ca. 18 Meter Tiefe verbunden. Unser »Kamel« wird von den Strömungen des breiten Mandhoo-Dhekunu-Kanals »gestriegelt«, dem es sein attraktives Äußeres verdankt.

_____ Bereits auf der Riffplatte zeigt sich der Farben- und Formenreichtum des Tauchplatzes. Das für reiche Tauchgründe charakteristische Rot der Fahnenbarsche umrahmt die zahlreichen Korallen und ihre Bewohner. Kleinere Überhänge ziehen sich an der südlichen Schulter wie ein Band leicht abfallend von West nach Ost, wo sie bei 20 Meter in größere Unterhöhlungen münden, die mit Gorgonien und Weichkorallen bewachsen sind.

_____ Am schönsten scheint uns dieser Tauchgang bei leicht einlaufender Strömung, also von Westen kommend, zu sein. Die Sicht ist dann sehr klar, und Großfische beleben das Bild. Ein besonderes Vergnügen ist es, dem Riffdach zu folgen und auf den drei »Kamelhöckern entlangzureiten«.

_____ Anders als viele Tauchgänge im Westen ist dieser »Kamelritt« aber auf keinen Fall etwas für Anfänger; denn Strömungen sind ziemlich stark und verlaufen in verschiedene Richtungen, was zu Verwirbelungen und damit zum »Waschmaschineneffekt« führen kann. Wer jedoch tauchsattelfest ist, kann hier seinem Spieltrieb freien Lauf lassen.

Zwischen Weich- und Drahtkorallen sowie Schwämmen und Hydrozoen sucht ein Rotfeuerfisch in Nischen und Ritzen nach Nahrung.

Bildnachweis
Fotos von Axel Schulz-Eppers,
Umschlagfotos: Dietmar Reimer, Überlingen

Die Deutsche Bibliothek –
CIP-Einheitsaufnahme

Malediven : Ari-, Nordmale- und Südmale-Atoll / Larry James; Axel Schulz-Eppers. – München ; Wien ; Zürich : BLV, 1995
  (BLV Tauchführer)
  ISBN 3-405-14773-5
NE: James, Larry; Schulz-Eppers, Axel

Gedruckt auf chlorfrei gebleichtem Papier

BLV Verlagsgesellschaft mbH
München Wien Zürich
80797 München

Das Werk einschließlich aller seiner Teile ist urheberrechtlich geschützt. Jede Verwertung außerhalb der engen Grenzen des Urheberrechtsgesetzes ist ohne Zustimmung des Verlags unzulässig und strafbar. Das gilt insbesondere für Vervielfältigungen, Übersetzungen, Mikroverfilmungen und die Einspeicherung und Verarbeitung in elektronischen Systemen.

© 1995 BLV Verlagsgesellschaft mbH, München

Umschlaggestaltung: Network, München
Grafiken: Viertaler+Braun, Grafik+DTP, München
Layout: Bücherwerkstatt Irmgard von Ertzdorff
Herstellung: Peter Rudolph
DTP: Satz + Layout Fruth GmbH, München
Reproduktionen: Repro, Landshut
Druck: Appl, Wemding
Bindung: Bückers GmbH, Anzing

Printed in Germany · ISBN 3-405-14773-5

Eintauchen in neue Welten

Patrick Mioulane/Raymond Sahuquet
Tauchparadiese Rotes Meer und Malediven
Die 80 schönsten Tauchplätze
Die faszinierende Unterwasserwelt des Roten Meeres und der Malediven in brillanten Farbfotos mit aktuellen Informationen zu den Besonderheiten des jeweiligen Tauchplatzes, tollen Zielen für Wracktaucher und praktischen Tips für die Urlaubsplanung.

Patrick Mioulane/Raymond Sahuquet
Tauchparadies Karibik
Die 80 schönsten Tauchplätze
Die tropische Unterwasserwelt der Karibik – von Florida und den Bahamas über die Großen und Kleinen Antillen bis zur Maya-Küste – mit außergewöhnlichen Farbfotos und hochaktuellen Praxistips zur Reiseplanung.

Patrick Mioulane/Raymond Sahuquet
Tauchparadiese
Die 80 Traumziele rund um die Welt
Faszinierender Bildband voller Abenteuer und Entdeckungen: die schönsten Tauchplätze mit allen Unterwasserattraktionen; Meeresbiologie, Tauchtechnik, Unterwasserfotografie, Reisetips.

BLV Tauchführer
Larry James/Axel Schulz-Eppers
Rotes Meer
Sharm El-Sheikh
Von Tiran bis Ras Muhammad
Die 34 schönsten Tauchplätze mit genauen Beschreibungen, Farbfotos der Unterwasserwelt und vielen Tips zur Planung, Vorbereitung und Durchführung der Tauchgänge.

Dennis K. Graver
Die moderne Tauchschule
Theorie und Praxis des Sporttauchens
Erstklassiges Lehrbuch mit dem Know-how für Ausbildung und Praxis – didaktisch besonders gut aufbereitet, umfassend, leicht verständlich und aktuell.

Im BLV Verlag finden Sie Bücher zu folgenden Themen: Garten und Zimmerpflanzen • Natur • Heimtiere • Jagd • Angeln • Pferde und Reiten • Sport und Fitneß • Tauchen • Reise • Wandern, Bergsteigen, Alpinismus • Essen und Trinken • Gesundheit, Wohlbefinden, Medizin

 *Wenn Sie ausführliche Informationen wünschen, schreiben Sie bitte an:*
BLV Verlagsgesellschaft mbH • Postfach 400320 • 80703 München
Telefon 089/12705-0 • Telefax 089/12705-543